ART
DE
LEVER ET LAVER LES PLANS,

DESTINÉ

AUX INSTITUTEURS PRIMAIRES, AUX ÉLÈVES DES COLLÉGES, ET A TOUS
LES JEUNES GENS QUI SE LIVRENT AUX ARTS MÉCANIQUES,

PAR L. J. GEORGE,

PRINCIPAL ÉMÉRITE DE L'UNIVERSITÉ DE FRANCE, OFFICIER D'ACA-
DÉMIE, MEMBRE CORRESPONDANT DE LA SOCIÉTÉ ROYALE DES
SCIENCES ET BELLES-LETTRES DE NANCY, ET MEMBRE ASSOCIÉ DE
L'ACADÉMIE DES SCIENCES, LETTRES ET ARTS DE BESANÇON.

PARIS,

BACHELIER, LIBRAIRE, QUAI DES AUGUSTINS, N° 55;

NANCY,

SERRE, LIBRAIRE, RUE ST.-DIZIER, N° 101.
VINCENOT ET VIDART, RUE DES DOMINICAINS, N° 40.

1828.

ART

DE

LEVER ET LAVER LES PLANS,

DESTINÉ

AUX INSTITUTEURS PRIMAIRES, AUX ÉLÈVES DES COLLÉGES, ET A TOUS
LES JEUNES GENS QUI SE LIVRENT AUX ARTS MÉCANIQUES;

PAR L. J. GEORGE,

PRINCIPAL ÉMÉRITE DE L'UNIVERSITÉ DE FRANCE, OFFICIER D'ACADÉMIE, MEMBRE
CORRESPONDANT DE LA SOCIÉTÉ ROYALE DES SCIENCES ET BELLES-LETTRES DE
NANCY, ET MEMBRE ASSOCIÉ DE L'ACADÉMIE DES SCIENCES, LETTRES ET ARTS DE
BESANÇON.

PARIS,

BACHELIER, LIBRAIRE, QUAI DES AUGUSTINS, N° 55.

NANCY,

SENLF, LIBRAIRE, RUE ST.-DIZIER, N° 101.
VINCENOT ET VIDART, RUE DES DOMINICAINS, N° 40.

1828.

A Monsieur

Le Colonel, Comte Alexis de Noailles,
Aide - de - Camp du Roi, Chevalier de
St.-Louis, Commandeur de l'Ordre Royal
de la Légion d'Honneur, Député de la
Corrèze.

Hommage de reconnaissance
et de respect;

George.

AVERTISSEMENT.

C E T Ouvrage peut servir de complément à ma Géométrie pratique; il renferme tout ce qui est nécessaire pour représenter sur le papier la figure d'un terrain, d'une maison, d'un bourg, d'une ville, et même celle d'une portion de pays assez étendue, sans avoir recours aux opérations trigonométriques hors de la portée des personnes qui n'ont pas fait une étude spéciale de la Géométrie.

Il est divisé en deux parties : la première comprend tous les détails de l'Art de lever les plans au moyen de la Planchette, de l'Équerre d'arpenteur et de la Boussole, ainsi que les règles à suivre pour les dessiner avec goût; elle guide pour ouvrir les routes dans les bois, pour tracer sur le terrain un projet conçu ou dessiné dans le cabinet.

La deuxième apprend la manière de combiner les couleurs, de les poser sur le papier, d'arrêter le trait du dessin, de placer les ombres, de donner aux terrains la forme qu'ils ont sur la terre, et d'exprimer leurs diverses productions par des teintes variées et disposées convenablement.

Les figures et les dessins ont été lithographiés avec assez d'exactitude et de netteté; mais il faut avouer cependant que ces derniers n'offrent pas tout le fini que l'on remarque maintenant dans les Essais topographiques exécutés à Paris.

ART
DE

LEVER LES PLANS.

OBJET.

1. UNE des plus intéressantes applications de la Géométrie, sous le rapport de l'utilité, est celle qui donne les moyens de représenter sur le papier, dans des proportions convenables, la figure d'un ou de plusieurs bâtimens, d'une ville, d'un champ, d'un jardin, d'une forêt, et généralement celle d'un terrain quelconque.

2. Les dessins qui en résultent se nomment *plans*, s'ils n'offrent que la représentation de maisons ou de quelques pièces de terre prises isolément; *cartes topographiques*, quand ils renferment les détails d'un domaine, d'une petite contrée, d'une commune; enfin *cartes géographiques*, s'ils embrassent une grande étendue de pays, comme un royaume, un empire, et n'en font apercevoir que les points les plus remarquables.

3. Montrer comment on peut former ou tracer ces dessins, est l'objet de l'*Art de lever les plans*.

4. Tous les terrains d'une petite étendue peuvent être considérés comme des surfaces planes; leur représentation doit être semblable à l'objet, et conséquemment offrir son image exacte sur le papier, c'est-à-dire, qu'il faut qu'on y voie les arbres, les ruisseaux, les maisons, disposés dans le même ordre et les mêmes proportions qu'ils ont réellement entre eux sur la terre.

Mais il n'en est pas ainsi des terrains d'une étendue considérable, tels qu'un État, une Province, parce que la terre étant sphérique, une grande portion de sa surface n'est pas plus susceptible de se développer sur un plan que d'y dessiner une figure semblable. Cependant on lève cet obstacle en soumettant sa représentation à des lois qui la rapprochent de la nature et suffisent pour déterminer les distances respectives des objets. Ces dernières connaissances, appartenant plus spécialement à l'Ingénieur Géographe et étant d'ailleurs fondées sur des principes de mathématiques assez élevés, ne pourront se trouver ici.

Instrumens.

5. Pour lever les plans, on se sert de divers instrumens parmi lesquels la *planchette*, la *boussole* et l'*équerre d'arpenteur* sont les seuls dont on enseignera l'usage.

De la Planchette.

6. La *planchette* (*Fig.* 1), instrument à la fois le plus commode et le plus utile pour obtenir promptement la figure d'un terrain, consiste en une tablette portée sur un pied simple ou à trois branches, auquel elle est adaptée au moyen d'un genou tellement construit que l'on puisse imprimer à la tablette un mouvement de rotation, sans la déranger de la position horizontale qu'il faut lui conserver pendant toute la durée des observations.

On fixe sur cette tablette la feuille de papier destinée à recevoir le plan (*), et pour prendre les alignemens, on emploie

---

(*) A deux côtés opposés de la tablette, on adapte assez ordinairement deux rouleaux, dont l'axe, soutenu par des crapaudines, porte un *rochet* ou pignon denté à l'un de ses bouts ; ils servent à tendre et à rouler, au fur et à mesure, le papier sur lequel on trace les opérations.

une règle ou *alidade* en cuivre garnie de *pinnules* (*) fort hautes, afin que, sans incliner la planchette, on puisse viser aux points du terrain qui sont plus élevés ou plus bas ; le bord inférieur *ab* (*Fig.* 2), que l'on nomme ligne de *collimation*, détermine sur le papier la direction des rayons visuels partant du point où l'on se trouve et aboutissant aux objets environnans.

Pour mieux voir les points éloignés, on met souvent, en place des pinnules, une lunette sur l'alidade.

A défaut d'alidade, on peut se servir d'une règle épaisse que l'on pose *de champ*, en dirigeant le bord vers le point auquel on vise (*Fig.* 2 *bis*) ; la ligne tirée le long de la règle détermine l'alignement désiré.

De la Boussole.

7. La *boussole* est composée d'une aiguille aimantée mise en équilibre sur un pivot et enfermée dans une boîte carrée, dont le fond est garni d'un cercle de métal divisé en 360 degrés, ou 400 grades, et traversé par deux diamètres aux extrémités desquels sont marqués les quatre points cardinaux (**). La ligne *Nord-Sud*, passant par les divisions 0° et 180°, ou 0^g et 200^g, est parallèle à celui des côtés de la boîte auquel est adaptée une alidade à pinnules, nommée *visière*, qui peut être remplacée par une lunette. Cet instrument est mobile sur un genou fixé à un pied à trois branches.

8. L'usage de la boussole repose sur la propriété qu'a l'aiguille aimantée de tourner une de ses extrémités vers

---

(*) Petites plaques de cuivre élevées perpendiculairement aux extrémités de la règle, et percées d'ouvertures carrées et de fentes à travers lesquelles on regarde les objets.

(**) Les *points cardinaux* sont : le *Nord*, le *Sud*, l'*Est* et l'*Ouest* ; ils se marquent sur deux lignes qui se coupent toujours à angles droits.

le *Nord*, et de conserver constamment cette position, ou d'y revenir après en avoir été dérangée, du moins dans le même lieu et pendant un temps assez long. D'où il suit que, si l'on imprime à l'instrument un mouvement de rotation, on pourra juger de la quantité dont il a tourné en comparant le degré auquel l'aiguille répondra à celui qu'elle indiquait auparavant.

De l'Équerre d'Arpenteur.

9. *L'équerre d'arpenteur* (*Fig.* 3) est ordinairement un cercle traversé par deux règles qui se coupent à angles droits, et aux extrémités desquelles sont placées des pinnules perpendiculaires. Un bâton d'un mètre cinq décimètres, garni d'une pointe d'acier au bout inférieur, supporte l'instrument.

Remarque. Pour les petites opérations, on pourrait tracer avec soin sur une planche assez épaisse et bien dressée, deux lignes qui se coupent perpendiculairement, et planter à leurs extrémités quatre aiguilles très-fines et très-droites, ce qui formerait un instrument peu coûteux et susceptible de remplacer l'équerre.

Problème auquel se réduit le levé des plans.

10. Tout l'art de lever les plans peut être renfermé dans la solution de ce problème :

Disposer sur le papier trois points a, b, c, (*Fig.* 4), *qui aient entre eux la même situation respective que trois objets* A, B, C, *placés sur la terre.*

D'abord, la position respective de deux quelconques de ces objets, A et B par exemple, se représente sur le papier en y traçant une ligne *ab* dont la longueur contienne autant de parties de l'échelle convenue (*) que la distance AB,

---

(*) On entend par *échelle* une droite divisée en parties égales et qui sert à mesurer ou à rapporter toutes les lignes du plan. Le plus souvent elles ont avec le *mètre* ou avec la *toise* un rapport déterminé.

mesurée sur le terrain, renferme de chaînes ou de mètres.

Cela fait, le problème énoncé se réduit *à placer un point c, par rapport à deux autres* a *et* b *, comme l'objet* C *l'est lui-même à l'égard de* A *et* B.

Or, trois moyens différens s'offrent pour fixer cette position.

Le premier consiste à prendre deux ouvertures de compas correspondantes aux lignes AC, BC, préalablement mesurées dans la campagne ; puis, avec ces ouvertures et des points *a*, *b*, comme centres, à décrire deux petits arcs qui, par leur intersection, détermineront le point *c*, tellement que les distances *ac*, *bc*, seront dans le même rapport que celles de l'objet C à A et B (*).

En second lieu, on peut l'obtenir en déterminant la grandeur de l'angle BAC et mesurant seulement le côté AC ; portant ensuite ces résultats sur le papier, avec le rapporteur (**) et le compas, la position respective des trois points *a*, *b*, *c*, sera encore la même que celle des objets correspondans, A, B, C (***).

Enfin, on le trouve en faisant aux extrémités *a* et *b* des angles respectivement égaux à ceux que forment dans la campagne les lignes AC, BC, avec AB ; parce qu'alors

---

(*) En répétant cette opération, on trouverait la position d'un quatrième point, d'un 5ᵉ, d'un 6ᵉ, et généralement celle de tant de points qu'on voudrait, et leur réunion construirait évidemment le plan du terrain par le seul emploi de la chaîne ou du mètre et des jalons.

(**) Le *rapporteur* est un demi-cercle de cuivre ou de corne, dont le bord est divisé en 180 parties égales appelées *degrés*; il sert à mesurer ou à former les angles.

(***) Dans ce cas, la chaîne et le rapporteur suffisent pour lever le plan ; mais la planchette sert immédiatement à cette opération et la rend beaucoup plus prompte et plus exacte.

les côtés *ab* et *bc*, par leur rencontre mutuelle, déterminent convenablement le point *c*.

Ce dernier moyen est celui qu'on emploie souvent, comme le plus commode et le plus expéditif, n'ayant qu'une distance à mesurer, celle des deux premiers points A et B, que l'on appelle *base*, et qu'il ne faut jamais prendre trop petite par rapport à l'éloignement des objets qu'il s'agit de représenter.

Des Méthodes à suivre.

11. Quel que soit l'instrument que l'on adopte pour lever les plans, il y a deux manières de se conduire.

La première est de tracer, avec des jalons, autour de l'espace à figurer, un polygone du plus petit nombre possible de côtés, ou, s'il est considérable, de le diviser en plusieurs polygones; d'en mesurer exactement les angles et les côtés; puis d'abaisser des perpendiculaires de toutes les sinuosités du terrain sur ces côtés pris pour bases, ainsi que l'indique la figure 5; enfin de dessiner tous les objets renfermés dans ces polygones.

Si l'espace était une forêt impossible à pénétrer, on lui circonscrirait un polygone. S'il s'agissait d'une île, d'une campagne entourée de bois ou de marais, les lignes d'opérations se traceraient dans l'intérieur.

Le deuxième procédé, qui ne s'emploie ordinairement que quand une seule ligne ou *base* est accessible, consiste à relever tous les angles que forment, avec cette base connue, les rayons visuels dirigés de ses deux extrémités à tous les points visibles qui sont à l'entour, en évitant toutefois les angles trop aigus et trop obtus; parce que la position d'un point donné par l'intersection de deux droites est d'autant plus exacte que ces lignes se coupent moins obliquement.

Ce procédé suppose que le contour du terrain est formé d'un assemblage de lignes droites ; car, s'il était courbe et tortueux, on ne pourrait souvent en déterminer qu'un petit nombre de points, et il faudrait alors en dessiner à vue les parties qui n'auraient pas été obtenues avec l'instrument.

Usage de la Planchette.

APPLICATION DE LA PREMIÈRE MÉTHODE.

12. *Lever le plan d'une campagne que limite la ligne sinueuse* ABCₖDEₗFGₘₙHₒA (*Fig.* 5.)

OPÉRATION.

Après avoir formé le polygone ABCDEFGH autour du terrain, mesuré tous les côtés AH, AB, BC, ... et abaissé les petites perpendiculaires ᴛᴜ, ᴘǫ, ᴏs, ʀx, sur AH, ɴʏ, ᴍz, sur HG, etc., on établit la planchette horizontalement en A, de manière que le point a, où l'on aura fixé perpendiculairement une aiguille très-fine, soit avec a dans la même verticale, ce qu'on obtient au moyen d'un fil-à-plomb ; on pose ensuite l'alidade sur la tablette, en appliquant la ligne de collimation contre l'aiguille, puis on la dirige dans l'alignement du jalon B et dans celui de H, afin d'avoir les droites correspondantes ab, ah, que l'on trace successivement au crayon, et sur lesquelles on prend les parties ab, ah, respectivement égales (en divisions de l'échelle) aux côtés connus AB, AH, ce qui détermine les positions b, h, des points B, H, du terrain.

Enfin, avant de quitter la station A, on mesure les portions Aᴜ, ᴜǫ, ǫs, sx de AH, et les perpendiculaires ʀx, ᴏs, ᴘǫ, ᴛᴜ, abaissées de différens points de la courbe AₒH sur AH ; on les rapporte sur le plan, à l'aide du compas, de l'échelle et de l'équerre, et la ligne menée

par tous les points h, r, o, p, t, a, donne la figure de
AoH (*).

Ayant ainsi tracé la courbe AoH, on remplace, par un
jalon en A, l'instrument qu'on transporte où était le jalon B;
là, après avoir fait convenir le point b avec B, on fixe
l'aiguille en b, on pose le bord de l'alidade sur la ligne ba,
puis on tourne la tablette jusqu'à ce que les pinnules arri-
vent dans la direction du jalon A. Cela fait, pour relever
l'angle ABC, on dirige l'alidade vers le point C, et on trace
la droite bc, sur laquelle portant de b en c la mesure trouvée pour BC, on détermine la position c du point C.

Passant à la troisième station C, on y obtiendra semblablement le point D, et on continuera de même pour lever
le reste du contour ABC....HoA.

Si, en déterminant le dernier côté GH du polygone,
on retombe sur le point H, extrémité du premier côté
obtenu, ce que l'on appelle *se fermer*, on a la plus grande
preuve de l'exactitude de toute l'opération. Il est bien rare
de trouver cette précision; mais, lorsque l'erreur n'est
pas considérable, on la répartit sur l'ensemble du dessin,
en dérangeant un peu chaque point, afin d'arriver juste au
dernier du contour.

13. Il est très-important de vérifier ses observations à
chaque station. La condition essentielle, pour la sûreté
et la promptitude de l'opération, est que la tablette ne
s'ébranle pas sous la main qui dessine, afin que les lignes
qu'on y marque conservent bien la direction des rayons
visuels. On s'en assure pour chaque angle tracé, en re-
mettant l'alidade sur le premier côté, et en regardant s'il a

---

(*) Quand la ligne ArronH serpente beaucoup, il est utile de multi-
plier, autant qu'il est possible, les perpendiculaires TU, PQ, ... et de
les mener à des distances égales.

conservé l'alignement du point du terrain qui est à l'extrémité de ce côté.

14. On doit mesurer tous les côtés du polygone, comme il a été dit, pour mieux figurer le contour sur le plan; cependant, quand les lignes AB, BC, CD, ... sont les limites mêmes du terrain et qu'on n'exige pas une rigoureuse exactitude, il suffit de la mesure d'une seule base. Car, si après avoir déterminé la longueur de ab et l'angle abc $=$ABC, on se transporte en C; que l'on fasse correspondre la ligne bc du plan avec le côté BC du terrain; et qu'ayant fixé une aiguille en a, on tourne contre elle l'alidade jusqu'à ce que le rayon visuel passe par le jalon A, la ligne de collimation coupera évidemment la droite indéfinie bc au point c, qui sera sur la carte la position de la station C.

Pour avoir le point d, on ferait répondre à plomb le point c avec celui qu'occupait le jalon C, et la ligne cb avec CB; ensuite on dirigerait l'alidade vers D pour tracer cd; on irait après établir la planchette en D, où, ayant amené la ligne dc dans la direction du côté DC, on ferait mouvoir l'alidade autour de l'aiguille fixée en a, jusqu'à ce que le rayon visuel passât par le jalon A, et alors le bord de la règle couperait la ligne cd au point d que l'on cherchait.

On obtiendrait de même la position des autres sommets E, F, ... du polygone.

15. Lorsque les points à relever sont très-rapprochés, pour éviter les déplacemens trop fréquens de la planchette, on les fixe sur le plan par de petits triangles que l'on construit comme l'indique la 1re solution du problème n° 10.

Ce moyen, ou quelqu'autre analogue, est surtout employé quand, pour lever un contour, il faut partir de points sur lesquels on ne saurait poser d'instrument, tels sont les angles d'un mur, d'une haie, d'une plantation d'arbres. Alors, on se place dans le prolongement d'un de ses côtés, si on est en dehors, et l'on mène une parallèle à l'autre; si, au contraire, on est dans l'intérieur, il faut se mettre à la rencontre de deux parallèles aux côtés de l'angle, menées à volonté. Les figures 6 et 7 offrent, aux points A et B, des exemples de ces circonstances.

Manière d'orienter un plan.

16. Il est d'usage de tracer sur un plan la direction du *méridien magnétique* (*) au moyen du *déclinatoire*, qui n'est autre chose qu'une aiguille aimantée mise en équilibre sur un pivot, au centre d'une boîte rectangulaire dont le fond est divisé en deux également par une ligne, nommée *Nord-Sud*, parallèle à son côté le plus long. (**)

Pour cela, on fait coïncider l'alidade avec une ligne du plan, à laquelle répond celle qui joint deux des objets principaux du terrain, de manière que ces objets et leur représentation se trouvent dans le même alignement; alors on met le déclinatoire sur la tablette, puis on le tourne jusqu'à ce que l'aiguille s'arrête dans la ligne *Nord-Sud*; enfin le long d'un des plus grands côtés de la boîte, on tire une ligne qui est la direction de l'aiguille ou le méridien magnétique.

Cette direction étant trouvée, si l'on veut avoir celle du

(*) On nomme ainsi le grand cercle qui passé par les pôles d'un aimant, et dans le plan duquel se dirige toujours l'aiguille aimantée.

L'aimant est une pierre métallique que l'on trouve communément dans les mines de fer et de cuivre. Ses *pôles* sont deux points variables, l'un situé vers le *Nord*, l'autre vers le *Sud*, mais sans passer que très-rarement par ces points.

(**) Cet instrument a été appelé *déclinatoire*, parce qu'il sert à déterminer l'angle qu'une ligne tracée sur le terrain fait avec le méridien magnétique.

véritable *méridien terrestre*, il ne s'agira plus que de mener une nouvelle ligne qui fasse avec la première un angle égal à la *déclinaison* de l'aiguille (*), et aux extrémités de laquelle on marquera les points vrais *Nord* et *Sud*.

Tracer ainsi sur un plan la ligne qui va du *Nord* au *Sud*, et même celle des deux autres points cardinaux *Est*, *Ouest*, c'est ce qu'on appelle l'*orienter*; parce qu'alors on connaît l'angle qu'une quelconque des lignes principales du plan fait avec le méridien terrestre, angle qui a reçu la dénomination d'*azimut*. (**)

17. Réciproquement, la direction de l'aiguille aimantée ou de la méridienne étant marquée sur un plan, on peut se proposer de donner à celui-ci, ou à la planchette, la même disposition qu'ont les objets sur le terrain.

(*) La *déclinaison* de l'aiguille aimantée est le nombre de degrés dont elle s'écarte de la méridienne.

(**) À cette manière *d'orienter* un plan, ou de trouver l'*azimut*, peu exacte par rapport aux variations qu'éprouve l'aiguille aimantée, lesquelles font changer sa déclinaison souvent d'un lieu à un autre, et quelquefois aussi dans un même endroit, à différentes heures de la journée, on peut substituer celle-ci qu'on lui préfère.

Pendant une belle nuit, on dirige la lunette supérieure d'un graphomètre sur l'*étoile polaire*, après avoir donné au limbe la position verticale; on laisse ainsi l'instrument, et quand il fait jour, on plante un jalon dans la direction de la lunette ramenée à l'horizon, et à une assez grande distance du lieu de l'observation; ensuite on mesure l'angle compris entre ce jalon et l'un des objets du terrain représentés sur la carte; c'est l'*azimut* cherché.

Pour plus d'exactitude, il importe d'observer l'étoile polaire, qui n'est pas tout-à-fait située au pôle du monde, au moment où elle se trouve dans le méridien. Or, on a reconnu que cela arrive à très-peu près lorsque cette étoile est dans le même plan vertical avec la première des trois étoiles de la constellation de la *Grande-Ourse*, nommée vulgairement le *Chariot*, la plus voisine du quadrilatère. Ainsi l'on saura, à l'aide d'un fil-à-plomb, quand cette circonstance aura lieu.

Dans le premier cas, on fera convenir la ligne *Nord-Sud* du plan avec la même ligne du déclinatoire, puis tourner la tablette convenablement pour que l'aiguille y réponde aussi ; dans le second, on disposerait la méridienne de manière à ce qu'elle s'écartât de la droite *Nord-Sud* d'autant de degrés qu'en aurait alors l'angle de déclinaison (*), avant de faire correspondre cette dernière avec l'aiguille.

APPLICATION DE LA SECONDE MÉTHODE.

18. *Lever le plan de l'espace* ABCDEF (*Fig.* 8), *dont on ne peut mesurer que la distance* AB, *des extrémités de laquelle on aperçoit tous les objets* C, D, E, F, *qui l'entourent.*

OPÉRATION.

Ayant établi la planchette en A, et après l'y avoir orientée s'il est nécessaire, on trace au crayon sur le papier la ligne *ab*, à laquelle on donne, en parties de l'échelle, une longueur correspondante à celle de AB ; on fait convenir respectivement le point *a* et *ab* avec la station A et la base AB, puis l'on dirige successivement l'alidade, tournant contre une aiguille fixée en *a*, sur les divers objets C, D, E, F, afin d'obtenir les rayons *ac, ad, ae, af* ; on va ensuite au point B répéter les mêmes opérations qu'on a faites en A, pour déterminer les rayons *bc, bd, be, bf*, qui, par leurs intersections avec les premiers, donnent sur le plan les points *c, d, e, f* ; de sorte qu'en tirant les lignes *bc, de, ef*, la figure *abcdef* est semblable à celle du terrain ABCDEF (**).

(*) Cet angle est publié chaque mois par le bureau des longitudes, établi à Paris.

(**) Lorsque rien n'empêche de parcourir l'intérieur de l'espace à lever,

19. S'il fallait marquer sur le plan un point X qui ne fût pas visible des extrémités A et B, ou qui en fût trop éloigné, on y parviendrait en portant successivement la planchette à deux points C, B, déjà déterminés et desquels le point X serait visible. Là, on opérerait comme en A et en B, observant toutefois qu'il n'est point nécessaire de mesurer la distance comprise entre C et B, puisqu'on a sur le plan la longueur correspondante *cb*.

20. Si la planchette n'était pas assez grande pour contenir toute la figure de l'espace qu'on se propose de lever, on changerait le papier ; mais on aurait soin de marquer sur la nouvelle feuille deux des points de celle qu'on a enlevée, afin de pouvoir, par le moyen de ces points qui leur sont communs, assembler les deux feuilles après l'opération.

21. Un des problêmes importans qui se présentent souvent dans les levés de détails, consiste à déterminer sur un plan la position de tel point qu'on voudra du terrain, pourvu toutefois que de ce point on puisse voir au moins deux objets dont la position soit déjà connue. En voici un exemple :

A, B, C, *sont trois points marqués sur une carte en* a, b, c (*fig.* 9); *on demande d'y fixer la position d'un autre point* D.

On placera la planchette au point D, et, après l'avoir orientée, on dirigera l'alidade dans les alignemens *aA*,

---

au lieu de déterminer la position des objets par deux stations, on peut se contenter d'une seule. Alors on mesure la distance de la planchette à chaque objet, et on la rapporte, en parties de l'échelle adoptée, le long de l'alidade placée dans sa direction.

Ce moyen, tiré de la deuxième solution du problême n° 10, est trop simple, pour qu'il faille en donner une application.

bB : les lignes tracées suivant ces directions se couperont en d, qui sera sur la carte la position de l'objet D, relativement à A, B, C.; ce qu'on vérifie en mettant l'alidade suivant cC, et en observant si cette ligne prolongée passe par le point d.

Remarque. Ce problème est principalement utile pour fixer en peu de temps, sur une carte militaire non détaillée, les différens points occupés par une armée, ou pour ajouter à un plan quelconque des objets dont la position serait reconnue nécessaire.

22. La planchette sert encore à une opération non moins utile que la précédente, celle de *tracer sur le terrain la figure d'un plan donné*; et voici comment on y parvient.

Après avoir fixé le dessin sur la tablette (*Fig.* 10), on se transporte dans l'endroit destiné à l'opération. Là, on se donne d'abord un point du contour et la direction d'un côté auquel il doit nécessairement appartenir, le point A et la ligne AB, par exemple; on place ensuite l'instrument de façon que le point a et la ligne ab du plan répondent à plomb sur leurs homologues A et AB du terrain; puis en faisant prendre successivement à l'alidade toutes les directions ab, ac, ad, ae, af, mesurant dans ces alignemens sur le terrain les parties AB, AC, AD, AE, AF, correspondantes aux longueurs des lignes ab, ac, ad, ae, af, données par l'échelle; plantant un jalon à l'extrémité de chacune et les joignant de deux en deux par les droites jalonnées AB, BC, CD........ FA, on aura la figure du plan $abcdef$.

Remarque. La condition de se donner un point et la direction d'un côté qui le contienne, n'est cependant essentielle qu'autant que le plan doit être rapporté sur le terrain dans une situation déterminée; car, s'il en était autrement et qu'on pût l'y tracer à volonté, alors un point seul, pris au milieu ou sur le contour, conviendrait également à l'opération. La figure 11.ᵉ peut convaincre de cette vérité.

Des levés à la Boussole.

23. Lorsqu'on opère avec la boussole, il faut lui donner la position horizontale et amener toujours l'alidade du même côté, à sa gauche ou à sa droite, afin d'éviter toute méprise dans le relevé des angles.

24. *Supposons que l'on veuille avoir le plan du terrain* ABCDE (Fig. 12), *dont tout le contour est accessible.*

OPÉRATION.

On placera la boussole au point A, et on la fera tourner sur son pied, jusqu'à ce que le point B soit dans la direction de la visière. Quand l'aiguille aura cessé son mouvement oscillatoire, on comptera le nombre de degrés compris entre le rayon visuel AB, ou la ligne *Nord-Sud* qui lui est parallèle, et la pointe boréale de l'aiguille, afin de connaître l'angle BAN, formé par la direction AB et le méridien magnétique AN, puis on mesurera AB.

Transportant ensuite la boussole au point B, on y observera de même l'angle que fait le côté BC avec l'aiguille, et on mesurera encore BC. On répétera cette opération à chacun des autres sommets C, D, E, du terrain.

Toutes les mesures prises à chaque station ayant été écrites avec soin sur un *croquis* (*), il reste à les rapporter sur le papier, ou à faire ce qu'on appelle le *mis-au-net.*

Pour cela, on construit sur la feuille destinée au dessin du plan l'angle *ban* égal à BAN ; on porte ensuite sur la ligne *ab* la mesure du côté AB, ce qui détermine le point *b*,

---

(*) Esquisse du plan prise à vue.

par lequel menant bn parallèle à an, puis faisant $nbc = \text{NBC}$
et donnant à bc le même nombre de parties de l'échelle
que BC contient de mètres, on obtient le point c. On
continue ainsi pour fixer tous les autres points d, e, f, et
l'on doit retomber, au moins à peu près, sur le point a,
en terminant le contour du plan. Enfin, on figure les parties intermédiaires telles qu'on les a jugées à la vue, et
en imitant la nature le plus qu'il est possible.

25. Le problème précédent est souvent employé pour
lever le cours des rivières, les détours des chemins, l'enceinte d'une forêt, d'une ville, d'un rempart, les groupes
de maisons, et généralement tous les détails minutieux
qu'on ne pourrait prendre que difficilement ou très-len-
tement avec la planchette.

Une attention qu'il faut avoir, à mesure que l'on figure à
vue et au moyen de la boussole, est de rapporter sur la
planchette les détails que l'on a obtenus, afin de pouvoir
effectuer les vérifications nécessaires, et de mieux exprimer
la forme du terrain qui est encore sous les yeux, ou dont
on conserve parfaitement le souvenir.

Il est également utile, quand les opérations durent plus
d'un jour, d'arrêter tous les soirs son dessin à l'encre de la
Chine, pour ne pas risquer d'en effacer une partie.

26. La boussole s'emploie souvent pour marquer sur
une carte déjà levée plusieurs choses qui n'y seraient
pas indiquées, tels que différens points de la crête des
montagnes, la position de certains plateaux, la naissance
et la fin des pentes, etc. La solution du problème suivant
donne le moyen d'opérer dans toutes ces circonstances.

PROBLÊME.

Deux points A, B, *de l'espace levé étant donnés sur la
carte en* a *et* b *(Fig.* 13*), ainsi que la direction de l'aiguille*

aimantée par rapport à la droite ab, *on propose d'y fixer la station* C.

SOLUTION.

On mesurera en C les inclinaisons des rayons visuels CA, CB, relativement à la ligne *Nord-Sud* de la boussole, et on tracera sur la carte, avec le rapporteur, les lignes *sn*, *s'n'*, *s''n''*, qui représentent autant de méridiens magnétiques ; ensuite, pour fixer la position de *ac* à l'égard de *sn*, on prendra la graduation diamétralement opposée à celle que l'on a trouvée en C. On se conduira de même pour obtenir *bc*, et la rencontre *c* de ces deux lignes sera le point cherché.

Si plus de deux points étaient connus, il conviendrait, pour vérifier l'opération, de mener d'autres rayons visuels, et d'en rapporter la direction sur la carte comme il vient d'être dit ; ces nouveaux rayons passeraient aussi par le point *c*, à moins qu'il n'y eût erreur dans l'une quelconque des opérations.

Avec un peu d'attention, on verra que ce problème n'est que celui du n° 21, présenté et résolu d'une autre manière.

REMARQUE. Ces déterminations géométriques ne suf-fisent pas toutefois pour rendre la carte intelligible ; il faut encore indiquer par des hachures légères faites à la plume le sens des lignes de plus grandes pentes, c'est-à-dire, des courbes que tracent, sur les versans des montagnes, les eaux et tous les corps qui obéissent à la loi de la pesanteur ; saisir le caractère distinctif de chaque objet ; enfin exécuter avec goût et netteté tout ce que la topographie emprunte du dessin d'imitation et de conven-tion, ce qui appartient plus spécialement au Lavis des plans.

2

De la manière d'ouvrir des routes dans les bois ou forêts.

27. Lorsque le bois n'est pas d'une grande étendue, ou qu'on peut seulement comprendre la partie de la superficie où il convient d'ouvrir une route, on doit lever le plan du terrain très-exactement, et faire sur ce plan le tracé de la route que l'on veut exécuter. La boussole donne ensuite un moyen simple d'opérer.

28. Supposons qu'on veuille *percer une route de A en B, dans la forêt MPRZX* (fig. 14), *dont le plan* mprzx *a été levé avec soin.*

Opération.

La direction de la route AB étant tracée de *a* en *b* sur le plan *mprzx*, il sera facile de déterminer l'angle qu'elle fait avec le méridien magnétique représenté par *ns*, en menant *cd* parallèle à *ab* et mesurant l'angle *ncd*, qui est le même que celui formé, sur le terrain, par AB et l'aiguille aimantée.

Cet angle *ncd* une fois connu, on placera la boussole au point A de la forêt où l'on doit commencer à percer la route, en tournant l'instrument jusqu'à ce que la ligne *Nord-Sud* et l'aiguille s'écartent entr'elles d'autant de degrés qu'on en a trouvé pour la mesure de l'angle *ncd*. Dans cette position, la ligne *Nord-Sud* ou la visière (7) correspondra exactement avec AB. On fera ensuite marcher, suivant la direction des pinnules, aussi lentement que l'on voudra, en faisant abattre les arbres successivement, et plantant des jalons de distance en distance. Dès qu'il y en aura deux de placés, on pourra continuer la percée sans boussole ; et, si on a bien pris l'angle et jalonné avec précaution, on parviendra sûrement à l'autre extrémité B (*).

S'il arrivait qu'on rencontrât un obstacle, par exemple, que la mare GHQ empêchât de jalonner GB, il faudrait alors chercher sur le bord opposé un point H qui fût dans l'alignement AG et y placer un jalon, puis on prolongerait AH jusqu'en B.

29. *S'il était impossible d'approcher des côtés de la forêt, où d'en faire le tour par rapport à sa trop vaste étendue*, ne pouvant dans cette circonstance en lever le plan, voici comment il faudrait se conduire :

On éleverait un signal au point A, visible du point B, ou au point B, visible en A, de manière à pouvoir prendre, au moyen de la boussole, l'angle que forme cette ligne AB avec la méridienne, ou seulement avec l'aiguille aimantée ; ce qui ramenerait l'opération au cas précédent.

Mais, si l'on pouvait monter au haut du signal, pour observer avec la boussole, on chercherait dans la campagne deux endroits d'où l'on pût voir les signaux et y fixer quelques jalons K, K, dans leur direction, tellement qu'en prolongeant dans la forêt la ligne KKA qu'ils déterminent, et faisant couper tous les arbres situés sur son passage, on arrivera exactement au point B, autre extrémité de la route projetée.

Usage des flambeaux.

30. Pendant la nuit, on peut se servir avantageusement de flambeaux ou de toute autre lumière, pour placer des points de repères avec des piquets ; ce qui forme une ligne jalonnée que l'on reconnaît de jour.

(*) Pour rendre la percée plus régulière, on jalonne les deux côtés de la route, en portant, à droite et à gauche de la directrice AB, la moitié de la largeur que doit avoir la route, ainsi que l'indique la figure.

Autre Méthode.

31. La planchette donne aussi un moyen simple de percer des routes dans les forêts.

Soit *abcde* (fig. 15) le plan de la forêt ABCDE, sur lequel on a tracé, de *b* en *r*, la route BR que l'on se propose d'ouvrir sur le terrain.

Après avoir collé le dessin *abcde* sur la planchette, on disposera l'instrument au point B, où l'on doit commencer la route, de manière qu'il réponde bien à plomb avec *b*, en même temps que *ba* et *bc* se confondent avec les alignemens des rives homologues BA et BC de la forêt; ce que l'on observe en plaçant l'alidade successivement dans ces deux directions, et regardant à travers les pinnules si la coïncidence est parfaite. Parvenu à cette position, on mettra l'alidade dans la direction *br*, puis on fera couper les arbres et planter des jalons suivant cette ligne, jusqu'à ce que l'on arrive à l'extrémité R.

Il est d'autant plus utile de soigner les opérations du terrain que le dessin employé sera petit et demandera de la précision pour être rapporté en grand. En général, il faudra mettre une égale attention au placement de la règle, de l'alidade et des jalons.

32. Ce qui précède donnant le moyen d'ouvrir des routes dans tous les sens, soit parallèles, soit perpendiculaires, soit obliques entre elles ou à d'autres qui existéraient déjà, on conçoit qu'on peut l'étendre à la division ou au partage des forêts, qui se réduit à percer des tranchées ou sentiers suivant certaines directions déterminées par la figure de la surface à partager. Mais, pour exécuter ces opérations avec exactitude, on doit se procurer le plan de la forêt, parce qu'il est bien plus facile d'indiquer d'abord tout changement ou projet sur le dessin pour le rapporter ensuite sur le terrain, que d'en agir autrement.

Usage de l'Équerre d'Arpenteur dans le levé des plans.

33. Cet instrument, peu commode pour opérer sur un terrain couvert et montueux, s'emploie utilement dans les plaines pour obtenir le plan d'une prairie, d'un champ, d'un jardin potager.

34. Lorsqu'on lève un terrain à *l'équerre*, on mène dans l'intérieur et suivant le sens de sa plus grande dimension, une diagonale qu'on appelle *base* ou *directrice;* de tous les angles du contour, on abaisse des perpendiculaires sur cette base, puis on les mesure à la chaîne, ainsi que les distances qui séparent leurs pieds, avec l'attention de porter successivement les résultats sur un *croquis*. De cette manière, le terrain se trouve divisé en triangles, trapèzes ou rectangles, qu'il est facile de rapporter sur le papier.

APPLICATION.

35. *Soit à lever le plan d'une pièce de terre représentée par ABCDEFGH* (fig. 16).

Après avoir tracé la base AE, mené les perpendiculaires Bp, Cq, Dr, Fs, Gt, Hx, déterminé leurs longueurs et celles des segmens Ax, xp, pt, tq, qr, rs, de la base AE; pour construire la figure sur le papier, on tire une droite indéfinie *a e*, sur laquelle on porte de *a* en *x*, de *x* en *p*..... de *r* en *s*, autant de parties de l'échelle que Ax, xp;.... rs, contiennent de mètres; ensuite à chacun des points *x*, *p*, *t*.... *s*, on élevera les perpendiculaires *xh*, *pb*, *tg*.... *sf*; dont les longueurs renferment des nombres de divisions de l'échelle, respectivement égaux à ceux des mesures correspondantes trouvées sur le terrain pour xH, ᴘB, ᴛG.... sF ; cela fait, on joindra de deux en deux les points a, b, c.... h, a, par les lignes ab, bc.... ha, qui formeront la figure $abcdefgh$ semblable à la pièce de terre en question.

36. S'il s'agissait de lever un terrain dont l'intérieur fût inaccessible, mais le contour entièrement libre, comme un petit bois, un étang, on l'enfermerait dans un triangle, un trapèze, un rectangle, ou un carré; puis en abaissant des perpendiculaires de toutes les sinuosités du pourtour du terrain sur les côtés du polygone qui l'enveloppe, déterminant leur grandeur et les rapportant sur le papier, on construirait le plan demandé.

L'inspection seule de la figure 17 suffit pour montrer comment il faut se conduire en pareille circonstance.

OBSERVATION GÉNÉRALE.

37. Dans tout ce qui précède, on n'a pas eu égard à la disposition du terrain ; toujours on l'a considéré comme horizontal. Cependant s'il arrivait qu'il fût très-incliné, il faudrait mesurer toutes les distances des objets, en tendant toujours la chaîne horizontalement, parce que dans ce cas le dessin ne représente plus la figure même du terrain, mais seulement celle que forment ses points remarquables ou les jalons qu'on a plantés, en les supposant prolongés jusqu'à la rencontre d'un plan horizontal placé au-dessous du terrain. Tel est, par exemple, le polygone $abcde$ (fig. 18), déterminé par le prolongement des jalons A, B, C, D, E, qui marquent le contour du champ ABCDE, situé sur le penchant d'une montagne.

Ce dessin $abcde$, qu'on appelle la *projection horizontale du terrain*, ou son *plan géométral*, a toujours une surface moindre que celle du terrain correspondant, et sa différence augmente à mesure que la pente de celui-ci s'élève davantage.

Des Levés à vue.

38. Pour devenir habile en ce genre, il faut beaucoup d'habitude et avoir fait un fréquent usage des instrumens que nous avons décrits. C'est surtout aux personnes qui veulent embrasser la carrière des armes qu'il appartient de s'en occuper plus spécialement. Un officier peut se trouver chargé de faire des reconnaissances; alors, non-seulement il doit les exécuter avec célérité, mais encore y mettre toute l'exactitude possible, et il lui devient utile de s'être exercé à figurer le terrain au seul coup-d'œil, afin de présenter sur la carte les divers objets qu'il importe de connaître pour assurer le succès des opérations militaires.

39. Parmi toutes les méthodes qu'on emploie, nous ne citerons que la suivante qui nous paraît des plus faciles.

On s'établit sur un lieu élevé, tels que le sommet d'une montagne, la plus haute fenêtre d'un clocher, d'où l'on puisse voir tout l'espace dont on veut prendre le dessin ou quelques détails. Là, au milieu des principaux objets que l'on découvre, on en cherche un auquel il soit commode de rapporter tous les autres que l'on représente successivement sur le papier dans des positions tout-à-fait semblables par rapport à un point central correspondant à celui qu'on a choisi. Cette espèce de canevas formé, on dessine les objets intermédiaires, en commençant par placer les plus près du centre, et ayant soin de garder entre eux la même disposition qu'ils ont sur le terrain.

40. Dans ces dessins, les objets ou points remarquables s'expriment toujours en élévation et au moyen de signes particuliers que l'on va faire connaître.

Un *bourg* se représente par un clocher à flèche, une tour et trois petites maisons; en supprimant la tour, c'est un *village*.

Trois maisons, disposées en triangle, désignent un *hameau*; deux indiquent une *ferme*.

Une petite maison en pavillon placée entre deux tours représente un *château*; sans les tours, c'est une *maison de campagne*.

Les *couvens*, les *chapelles*, les *hôtelleries*, s'expriment par une maison surmontée d'un clocher, d'une croix ou d'une enseigne, qui les caractérisent respectivement.

Les *arbres de remarque* se font un peu plus gros que les autres.

Une *tuilerie* se figure par une simple maison assez longue et très-basse; une *carrière* par une entrée obscure.

Une *chaussée* s'exprime au moyen de deux lignes parallèles tracées de chaque côté de la route.

Les *chemins* se marquent par deux traits parallèles, et sinueux, sur lesquels on met quelques buissons; un seul trait s'emploie pour tracer les *sentiers*.

On indique un *pont de pierre* avec deux lignes rouges et parallèles; s'il est de bois, on les fait noires en les traversant par plusieurs autres dans le sens de la largeur.

Un *moulin* se désigne par une petite maison avec une roue que l'on place sur un ruisseau ou une rivière.

Enfin, un *moulin à vent*, une *montagne*, un *rocher*, un *étang* ou un *marais*, se dessine sous la forme que l'objet offre à nos regards.

Du Levé des Plans de villes, bourgs et villages.

41. Le plan d'une ville peut s'obtenir en levant d'abord son enceinte ABCD (*Fig.* 19), sur laquelle on marque toutes les issues; passant ensuite à l'intérieur, on y choisit, pour la première station, la place où viennent aboutir

le plus grand nombre de rues, afin que de là on puisse tracer sur le papier adapté à la planchette des rayons dirigés dans chacune d'elles, et on donne à ces rayons la longueur géométrique correspondante à leur mesure prise sur le terrain. Enfin, on parcourra toutes les rues, comme l'indiquent les lignes ponctuées, en prenant les angles et mesurant l'intervalle de chaque station : par ce moyen, on aura leur contour, les détails des alignemens des maisons et autres sinuosités qui s'offrent fréquemment.

Les rues et portions circulaires seront levées par une suite de stations disposées de manière à former la courbe avec les points déjà obtenus, et l'on aura soin de désigner les édifices et objets remarquables, tels que palais, hôtels-de-ville, fontaines publiques, promenades, etc.

42. Lorsque le plan est levé à une grande échelle, on fait plusieurs planchettes que l'on réunit.

Supposons que le levé de la première planchette A C soit terminé, et que l'on veuille finir sur la planchette *ac*.

On rapprochera le dessin AC de la feuille de papier blanc *ac* ; on prolongera toutes les rues dont il sera possible d'avoir la direction, telles que P*p*, Q*q*, R*r*, et au moyen de ces directions, que l'on fera correspondre avec l'*axe des rues* (*), on continuera à lever la suite de la ville ou des détails du plan. Il est évident qu'avec les repères déterminés par les rues, on pourra ajouter autant de planchettes qu'il sera nécessaire pour achever le plan.

43. On se conduira de même pour obtenir le plan d'un bourg ou d'un village ; seulement, il sera inutile d'en lever préalablement le circuit ; l'axe de la rue principale suffisant pour diriger toute l'opération.

(*) On donne ce nom à la ligne qui passe, autant que possible, par le milieu d'une rue et la traverse dans toute sa longueur ; cette ligne sert de *directrice*.

44. Quant aux détails topographiques qui entourent ces sortes de plans et en forment les dépendances, comme prés, champs, vignes, étangs, montagnes, etc., pour en lever l'ensemble, on parcourrait les chemins, les côteaux, les vallées et les différentes pièces de terre jusqu'aux points limitrophes, en mettant tout sur le croquis, dans les proportions qu'on aura jugé devoir leur donner, afin de fixer les bases qui sont les lignes les plus longues et les plus régulières que l'on figure bien exactement avec des jalons; sur ces bases, on éleverait des perpendiculaires passant par les sinuosités des chemins et terrains, puis on mesurerait tous les intervalles qui séparent les stations, ayant soin de marquer les rencontres des pièces de terre qui peuvent se trouver sur chaque base, d'en déterminer aussi la longueur des côtés et de relever les angles qu'ils font entre eux. De cette manière, on obtiendra promptement et avec beaucoup d'exactitude la carte des environs d'un bourg, d'une ville, surtout si l'on opère avec attention

De la représentation des détails topographiques.

45. Pour exprimer les détails topographiques de manière à distinguer la nature des différentes pièces de terre et autres accessoires qui entrent dans un plan, on est convenu d'adopter les dessins imitatifs qui se trouvent réunis dans la figure 20; en sorte que, si l'on considère cette figure, en s'arrêtant sur chacune des parties qui la composent, on verra

Qu'un *bois*, une *forêt*, se représentent en grouppant çà et là 2, 3, 4 ou 5 arbres, et souvent un plus grand nombre de diverses grosseurs, parsemant de broussailles les espaces laissés entre les masses, et arrangeant le tout avec goût et sans symétrie;

Qu'un *marais* s'exprime par des hachures entrecoupées et recouvertes de petits traits courbés imitant les roseaux;

Une *prairie*, en marquant les pointes de l'herbe par
de petites lignes courbes assemblées en faisceaux inégaux
très-légers;

Un *étang*, en ombrant les bords au moyen de traits non-
interrompus et parallèles, et d'autres entrecoupés dans le
même sens pour indiquer l'ondulation le l'eau, et faisant
par intervalle dans l'étang et sur les bords, mais irrégulièrement, quelques touffes de joncs et de roseaux;

Les vignes, par de petites lignes verticales et d'autres
courbes qui entourent les premières, pour imiter les échalas
et les ceps;

Un *canal*, par deux lignes droites parallèles, l'une très-
fine et l'autre un peu plus forte;

Les *rivières*, en renfermant leur lit entre deux lignes
dont une, celle du côté qui reçoit le jour, se fait plus grosse
que la seconde qui porte ombre, et en menant parallèlement aux rives des traits toujours moins serrés à mesure
qu'on approche vers le milieu, où l'on place une *flèche*
pour marquer le courant de l'eau;

Les *ruisseaux*, par deux traits déliés, suivant leur cours,
s'ils sont gros, et par un seul, s'ils sont peu considérables;

Les *terres labourées* ou *labourables*, en divisant les
grandes pièces en plus petites inégales et de figures variées,
sillonnant chacune d'elles par des lignes parallèles, très-
déliées, tantôt pleines, tantôt interrompues, et tracées en
sens différens dans les pièces adjacentes, leur donnant sur
les côteaux une courbure qui suive à peu près la forme du
terrain et les courbant en sens contraire au pied des côteaux
pour indiquer le vallon;

Les *montagnes*, par des hachures courbées, presque
insensibles du côté du jour et très-fortes à l'opposé;

Il en est de même des autres objets compris dans la
figure, qui peuvent s'interpréter aussi facilement.

Du levé des Bátimens civils et des Jardins.

46. Pour lever avec précision le plan détaillé d'un édifice, d'un bâtiment, d'une maison de campagne ou d'un jardin, on commence par en faire le tour extérieur et à prendre connaissance des distributions intérieures. Une fois bien pénétré des masses, on en forme un brouillon sur lequel on figure tous les détails (*). Le croquis étant fait, on mesure les principales parties de la façade, ainsi que la largeur des portes, des fenêtres, des trumeaux (**), l'épaisseur de chaque mur, et on a soin de coter exactement les résultats. Dans les appartemens, on prend de même la longueur des côtés et des diagonales (ces dernières pour se dispenser de déterminer les angles), puis la largeur des trumeaux, des croisées, des cheminées, des niches, que l'on écrit successivement sur le brouillon.

Tout cela fini, on rapporte le plan sur le papier au moyen des cotes obtenues, en construisant d'abord les grandes masses dans l'ordre qu'elles ont été levées, exprimant ensuite les épaisseurs des murs, et terminant par les détails.

Pour bien rendre ces derniers, on forme les baies des portes et fenêtres, comme le montre la *Fig.* 21, en *a* et *b* (***). Dans les cabinets, antichambres, salles à manger, salons et chambres, on marque la corniche du plafond par des lignes noires pouctuées, tracées à une petite distance

---

(*) Lorsque le plan doit renfermer beaucoup de détails minutieux, il est d'usage de les dessiner sur des feuilles séparées, vu la grande quantité de cotes auxquelles on est obligé d'avoir recours.

(**) On appelle *trumeau* l'espace d'un mur entre deux fenêtres.

(***) Les portes se distinguent des croisées en ce qu'on ne tire aucune ligne dans la baie qui est terminée de chaque côté par un trait perpendi-culaire à la face du mur.

du mur parallèlement au contour de l'appartement. Quant aux autres détails et objets d'agrément ou d'utilité, ils s'indiquent ainsi que le fait voir encore la fig. 21, où *c* représente l'escalier du vestibule et celui qui conduit au premier étage, *d* les poëles de l'antichambre et de la salle à manger, *e* des piédestaux pour les figures ou bronzes qu'on place dans le salon, *f* l'alcôve et le lit d'une chambre à coucher, *g* une baignoire, *h* les fourneaux et l'évier de la cuisine, *i* un four, *k* la mangeoire de l'écurie, *l* les barres pour séparer les chevaux, *m* un puits, *n* un cuvier et *p* les latrines.

On peut ajouter à cela que les cheminées se marquent ordinairement par deux petits murs élevés aux extrémités d'un renfoncement fait dans l'épaisseur d'un gros mur de côté.

47. Ce qui précède doit s'entendre du rez-de-chaussée : on en ferait autant pour avoir le plan d'un étage supérieur ou celui des caves; seulement on observerait qu'étant les mêmes, quant aux masses, la connaissance des mesures relatives à leur distribution intérieure suffirait pour les construire.

48. Dans le dessin de ces plans, qui sont les *coupes horizontales* d'un bâtiment, on est convenu, pour les distinguer, d'exprimer les masses souterraines plus fortement que celles du rez-de-chaussée, qui, elles-mêmes, doivent l'être davantage que celles du premier étage, et ainsi de suite.

49. A l'égard des jardins, on y dessine les allées, les sentiers des carreaux, ceux des bosquets, la forme des parterres, les plate-bandes de fleurs, les pièces d'eau, et généralement tous les objets qui s'offrent à la vue, ayant soin de représenter en élévation les arbres ou arbrisseaux isolés, les jets-d'eau, les statues et les pots de fleurs. Enfin, on y exprime les berceaux par de petits ronds qui marquent les arbres, et de l'un à l'autre, on mène des lignes diagonales qui se croisent; on ombre ensuite les deux triangles opposés au jour en forçant un peu vers le milieu du berceau.

Méthodes pour copier les Plans.

5o. Pour avoir la copie exacte d'un plan, il faut ou le *piquer*, ou le *calquer*, ou en déterminer les principaux points par la *triangulation*.

51. La première de ces opérations consiste à poser, sur une feuille de papier, le plan donné (*), à le piquer avec une épingle très-fine dans tous ses points les plus remarquables, puis à joindre, par des lignes convenables, les piqûres marquées sur la feuille blanche.

Afin de rendre les piqûres plus apparentes, on noircit fortement l'un des côtés du carton sur lequel on dessine.

Si un point avait été oublié, il faudrait le déterminer par l'intersection de petits arcs de deux points connus, pris pour centre.

52. Pour calquer un plan, on le place sur un carreau de verre exposé au grand jour; et comme tous les traits qui le forment paraissent à travers le papier blanc appliqué dessus, il est facile de suivre, avec un crayon, les contours et les lignes du plan, que l'on met ensuite à l'encre.

On pourrait se borner à marquer seulement les points nécessaires pour tracer ces contours et ces lignes comme précédemment.

53. Le troisième moyen de prendre une copie est de faire usage d'un procédé analogue à celui qu'on a employé pour lever le plan; ce qui se réduit à mesurer des côtés et des angles pour en tracer d'autres qui leur soient respective-ment égaux. De cette manière, il se construit au crayon sur la copie autant de triangles que les points principaux du

---

(*) Pour empêcher le plan de changer de position, on l'attache à la feuille de papier au moyen de petites pinces à coulans.

Si l'on voulait avoir plusieurs copies, on placerait toutes les feuilles au-dessous du plan pour les piquer ensemble.

plan en forment entre eux ; on marque à l'encre tous les sommets , puis on tire les lignes nécessaires , en laissant les autres que l'on efface avec de la gomme élastique quand le dessin est entirement mis au trait.

Cette méthode étant fort longue , surtout lorsque le plan contient beaucoup de détails , on doit lui préférer les deux premières.

Moyens graphiques employés pour réduire et agrandir les Plans.

54. *Réduire* un plan, c'est en faire un semblable sous de plus petites dimensions.

Supposons, par exemple, que les lignes de la copie doivent être à celles de l'original dans le rapport de 3 à 4. On fera sur le plan donné ABCD (*Fig.* 22) beaucoup de petits carrés tracés légèrement au crayon ; on formera ensuite un rectangle *abcd*, dont les côtés *ab* et AB, ainsi que *ad* et AD soient entre eux :: 3 : 4 ; alors il ne s'agira plus pour opérer la réduction, que de figurer dans les petits carrés de *abcd*, les objets qui leur correspondent dans ceux de ABCD. On peut, pour ce dernier effet, employer la méthode des intersections, mais en réduisant dé 4 à 3 toutes les dimensions prises sur le plan ABCD (*).

(*) Pour faire ces réductions, on se sert ordinairement de *l'angle réducteur.*

Soit A*bc* un triangle isocèle construit de manière que *bc* = 3 et A*b* = A*c* = 4. Ayant prolongé les côtés de l'angle A , si sur l'un des deux on prend AB égale à une ligne de l'original, sa réduction sera représentée par la parallèle BC ; car AB étant d'une grandeur quelconque, AB et BC seront toujours entre elles dans le rapport de A*b* à *bc*, ou :: 4 : 3.

L'*angle réducteur* se trace sur une ardoise, parce que le sommet, qui reçoit souvent la pointe du compas , s'élargit facilement sur le papier ou toute autre matière.

Les traits faits sur l'ardoise s'effacent avec du charbon noir.

Si l'original ne permettait pas d'y tracer les petits carrés, on le couvrirait d'une feuille de papier verni transparent, ou d'une glace sur laquelle on les aurait formés. On pourrait aussi se servir de fils tendus sur une planchette, le plan y ayant été préalablement adapté.

55. Cette opération se fait d'une manière plus aisée, en construisant d'avance l'échelle de la copie, et en l'employant dans les détails minutieux pour réduire les distances prises sur l'original et comparées avec son échelle. Ce moyen est d'autant plus commode pour les dessins relatifs aux services publics, que leurs échelles ont entre elles des relations fixes et réciproques.

Qu'on veuille avoir une copie dont la surface soit *moitié* de celle de l'original, on la formera d'après une échelle que l'on prendra égale à la moitié Ac de la diagonale AC d'un carré $ABCD$ (*Fig.* 23) construit sur l'échelle AB du plan donné.

Si elle en devait être le *quart* ou le *tiers*, une échelle moitié de celle de l'original suffirait à sa construction dans le premier cas, et voici comment on trouverait celle nécessaire au second :

Sur une droite AB (*Fig.* 24), de même grandeur que l'échelle du plan proposé et divisée en trois parties égales, ou décrira un demi-cercle; à l'une des divisions d, on élevera la perpendiculaire dc qui coupera la courbe en c; on mènera AC, et cette ligne, divisée comme l'est AB, sera l'échelle à mettre en usage.

Enfin, si l'on voulait que sa surface fût dans un rapport quelconque avec celle du modèle, par exemple :: 3 : 4, on décrirait un demi-cercle sur l'échelle AB du plan, divisée en quatre parties; élevant ensuite une perpendiculaire à la 3.ᵉ division, et joignant le point de rencontre c avec A, la droite Ac serait la longueur qu'il faudrait donner à la nouvelle échelle.

55. Maintenant, cherchons comment on peut agrandi un plan ou en tirer une copie qui ait avec lui un rapport d'augmentation déterminé.

S'il est question de former une copie *double* du modèle, la diagonale *ac* d'un carré *abcd* (*Fig.* 25) fait sur l'échelle du plan donné, prise pour côté, sera l'échelle du nouveau dessin.

S'il faut qu'elle soit *triple*, à l'extrémité *c* de la diagonale du carré *abcd*, on élevera une perpendiculaire *ce*, égale encore à l'échelle de l'original, et *ae* déterminera l'échelle nécessaire à l'opération dont il s'agit.

Une échelle double de la première servira pour construire un plan d'une surface *quadruple*.

Enfin, si la copie devait être à l'original comme 4 : 3n ferait une demi-circonférence sur une ligne AB (*Fig.* 26) prise à volonté et divisée en autant de parties égales qu'il y a d'unités dans la somme des deux nombres 4 et 3 (conséquemment en 7 parties dans le cas actuel), on éleverait à la 4.ᵉ division la perpendiculaire *cb*, on mènerait du point *b* les droites indéfinies *bAm* et *bBn*, on prendrait *ba* égale à l'échelle du modèle, et menant *ac* parallèle à AB, la portion *bc* représenterait la grandeur de l'échelle du dessin demandé.

Dans ce qui précéde, chaque nouvelle échelle doit toujours renfermer autant de divisions que celle du plan proposé.

Grandeur à donner aux Échelles.

56. Il est utile d'établir entre les échelles des plans et les mesures linéaires en usage des relations exactes, afin de pouvoir plus aisément vérifier les constructions que l'on fait d'après eux et connaître si elles remplissent les conditions du *projet* ou du *plan modèle.*

A cet effet, on est convenu de prendre une échelle *d'un centimètre* pour représenter une longueur de 20 *mètres* sur le terrain, lorsqu'il s'agit des plans détaillés des villes, bourgs, villages, routes, canaux, places de guerre, etc.

On leur donne *un centimètre* pour *deux mètres* dans les plans particuliers des ouvrages et des bâtimens, comme ponts, écluses, coupes, profils et façades de maisons.

Dans la charpenterie, *7 millimètres* répondent à une longueur de 32 *centimètres*.

Dans les ouvrages de menuiserie, tels que tables, bancs, portes, croisées, 14 *millimètres* expriment 32 *centimètres*.

S'il est question du détail de grosses ferrures, comme pentures de portes, tourillons, et des ouvrages de cuivre correspondans du fondeur, on prend 2 pour 27 *millimètres*.

Enfin pour la serrurerie, on se sert d'une échelle du *tiers* de la grandeur des objets à exécuter.

On construit ces échelles sur une lame de cuivre fort mince, ou sur une régle de bois très sec.

Observations sur le levé et le dessin des montagnes.

57. Depuis plusieurs années, on emploie, pour lever et dessiner les montagnes, la méthode des tranches horizontales: elle consiste à mener dans le flanc de la montagne, par des plans parrallèles également distans entre eux, une suite de sections de niveau, dont la rencontre avec le versant forme des intersections qui se rapprochent d'autant plus que la pente est plus élevée.

Lorsque les tranches ont été déterminées par le levé, on les rapporte avec exactitude sur le papier, et on les dessine légèrement au crayon; puis on les ombre par des hachures faites à la plume suivant leur pente.

Dans les parties où les sections se rapprochent, les hachures doivent aussi se resserrer pour forcer le ton: celles placées dans l'ombre seront fortes et noires; on fera fines et d'une encre moins foncée celles qui reçoivent le jour.

En lavant les montagnes, ainsi levées et dessinées par tranches, on obtient le même effet que par les hachures; mais, il faut toujours avoir soin de forcer le ton au sommet et d'exprimer très-faiblement les endroits que frappent les rayons de lumière.

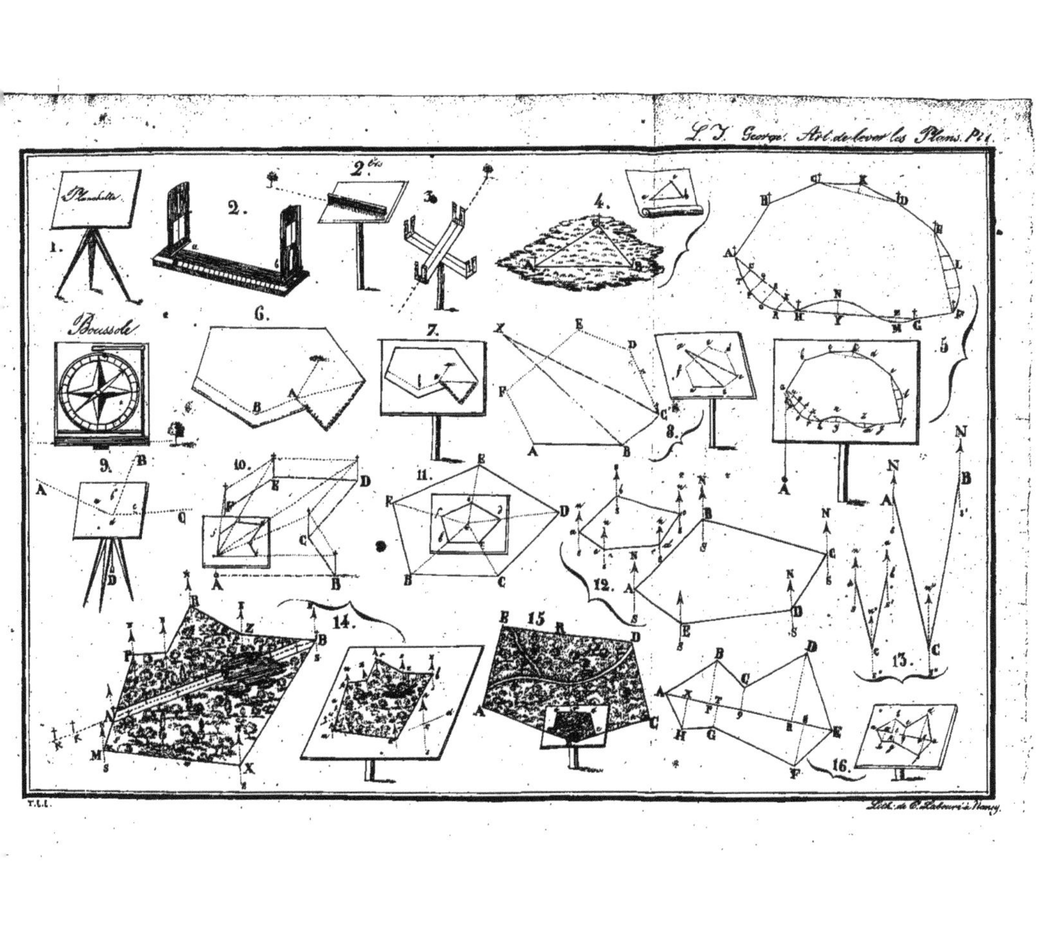
Planchette
Boussole
1.
2.
2.bis
3.
4.
5.
6.
7.
8.
9.
10.
11.
12.
13.
14.
15.
16.

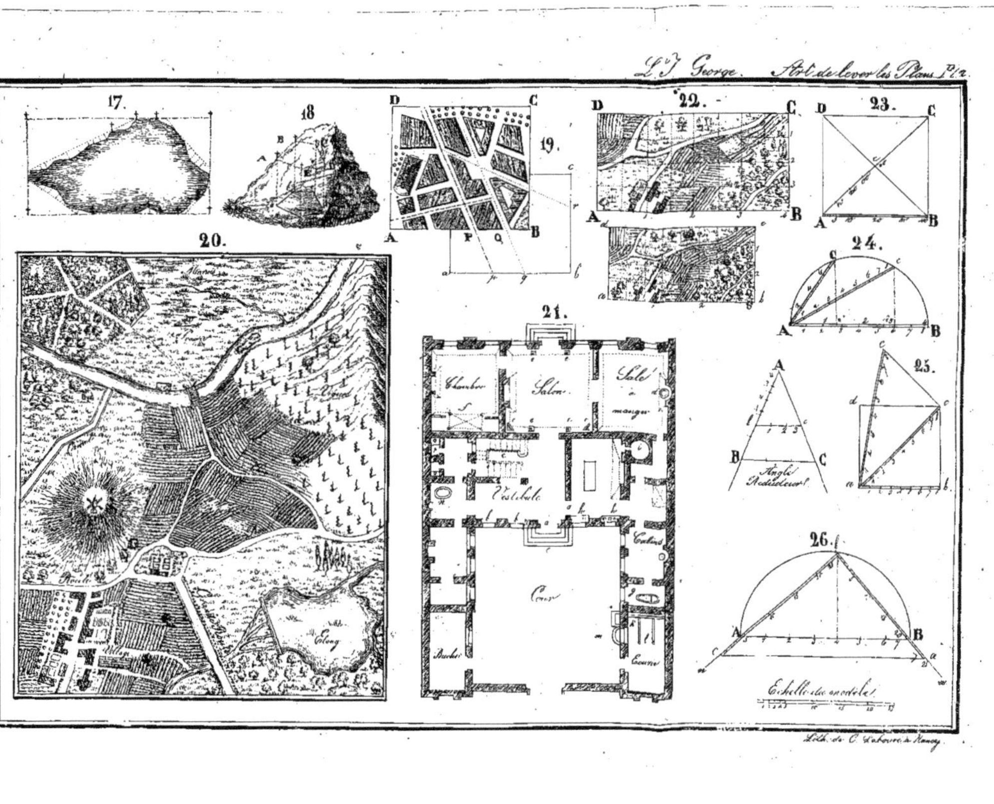
17.
18.
19.
20.
21.
22.
23.
24.
25.
26.
D C
A B
D C
A B
D C
A B
A
B C
Angle Réducteur
Chambre
Salon
Salle à manger
Vestibule
Cuisine
Cour
Bucher
Écurie
Étang
Echelle du modèle

DU LAVIS

DES

PLANS.

DÉFINITIONS.

1. Le *Lavis* a pour objet l'art de donner à toutes les parties d'un plan ou d'une carte les couleurs et les formes qu'offrent dans la nature les terrains correspondans, de manière qu'à la première vue on puisse distinguer les diverses productions, reconnaître les montagnes, les forêts, les plaines, les routes, les rivières, les maisons, les jardins, en un mot tous les détails de la portion de pays qui se trouve représentée.

On voit par-là que le *lavis* ne sert pas seulement à embellir les plans, mais encore à exprimer l'idée de tout ce qu'ils renferment, afin de rendre ces dessins plus intelligibles et conséquemment plus utiles.

2. On dit *laver* et non *peindre* ni *enluminer* un plan, parce que les couleurs dont on se sert étant très-étendues d'eau, il semble qu'en les posant, on lave le papier. De-là vient l'expression de *lavis*, en usage pour désigner l'Art de laver toute espèce de dessins.

3. Un lavis est *dur*, lorsque ses couleurs sont trop foncées; il est *tendre*, si le contraire a lieu.

4. On nomme teinte, une couleur transparente qui étant posée sur des traits ou des ombres, n'empêche pas de les distinguer.

Voici comment on peut se faire une idée du degré de force qui convient à chacune. Par exemple, la teinte *rouge* doit avoir la couleur et l'éclat de la rose ; la *jaune*, ressembler à la fleur de navette ; la *noire*, ne pas être plus foncée que la pierre de mine dont on fait les crayons.

5. Les teintes moins colorées que les précédentes ont reçu le dénomination de *teintes faibles ;* celles qui le sont davantage, s'appellent *teintes fortes.*

6. Adoucir une teinte, c'est en diminuer la couleur insensiblement jusqu'à la rendre imperceptible d'un côté ou des deux côtés, selon le besoin.

7. Un trait est *bien nourri*, quand sa couleur conserve la même force dans toute sa longueur.

Pour qu'il soit *net*, il faut que la couleur employée ne soit pas trop épaisse ; sans cette précaution, elle coulerait difficilement sur le papier.

8. Dans le plan d'une ville, on nomme *île de maisons*, un espace occupé par des bâtimens contigus, et isolé par les rues qui l'entourent.

Des choses nécessaires au Lavis.

9. Pour le lavis, il faut avoir :

Une *tablette*, en bois de chêne ou noyer très-sec, bien dressée, de 13 à 14 millimètres d'épaisseur, 6 décimètres de longueur et 5 de largeur, sur laquelle on colle la feuille de papier destinée au plan (*) ;

Huit ou dix *godets*, petites soucoupes de faïence à bord droit, tous bien vernissés et très-unis en dedans, pour préparer les couleurs et les teintes (**) ;

(*) On peut employer au même usage trois ou quatre feuilles de carton épais, battues et collées ensemble.

(**) A défaut de godets, on se sert d'un carreau de glace, sous lequel on a soin de placer un papier blanc, afin de mieux faire ressortir les couleurs que l'on délaie par dessus.

Quelques petites fioles de verre, pour conserver les couleurs liquides et l'eau gommée;

Un double vase toujours plein d'eau claire : un côté sert à laver les pinceaux, l'autre à affaiblir les teintes ;

Une éponge très-fine, sans gravier, qu'on emploie pour humecter le papier avant de le coller sur la tablette ;

Et plusieurs autres choses qui vont faire l'objet d'autant d'articles différens à cause du choix qu'on en doit faire.

Du Papier.

10. Le papier d'Hollande est celui qui convient le mieux au lavis ; il faut le choisir d'un grain fin, uni, d'un beau blanc et bien battu. On en trouve de toute grandeur.

Des Crayons.

11. Les crayons que l'on estime le plus sont ceux de mine de plomb d'Angleterre très-fine, sans être ni trop tendre ni trop dure.

Des Plumes.

12. Pour mettre au trait, on fait usage de plumes d'oie, appelées *bouts d'ailes*, les plus claires et les moins dures. Dans les détails minutieux et pour tirer les traits bien déliés, on emploie des plumes de corbeau.

Des Pinceaux.

13. Les pinceaux propres au lavis sont de diverses grosseurs et emmanchés, deux à deux, dans la même ente ; l'un sert à poser la teinte, et l'autre à l'adoucir.

Il est utile d'en avoir deux gros dont les tuyaux soient de plumes de cigne ; plusieurs moyens et quelques autres très-fins, qu'enveloppent des plumes d'oie et de corbeau.

14. Pour s'assurer de la bonté d'un pinceau, on le plonge dans l'eau pure, puis on le retire, en l'appuyant obliquement sur le bord du vase, jusqu'à ce qu'il s'é-

chappe au dehors : s'il reprend aussitôt la ligne droite, sans cesser de faire la pointe, il est bon ; mais s'il reste courbe ou vient à se partager, il ne vaut rien.

Lorsqu'un pinceau neuf, bon d'ailleurs, présente une pointe trop longue, on l'accourcit au moyen d'un charbon brûlant que l'on approche de cette pointe *encore humide*, jusqu'à ce qu'elle se grésille.

15. La manière de conserver long-temps les pinceaux, consiste à bien les laver dans de l'eau claire après s'en être servi, à leur faire la pointe droite avec les lèvres, en aspirant toute l'eau qu'ils contiennent, et à les renfermer ensuite dans une boîte poivrée, afin que les vers ne puissent les ronger.

Remarque. Les pinceaux qui ont servi au *vert d'eau* ne doivent pas être employés pour d'autres couleurs, parce qu'il les décompose toutes, et principalement l'encre de la Chine. Il faut éviter aussi de les porter à la bouche, ce vert étant un poison.

De l'Eau gommée.

16. Cette eau se fait avec de la gomme arabique la plus blanche, pour qu'elle ne ternisse pas l'éclat des couleurs. On en met 6 à 7 grammes dans un verre d'eau bien claire.

Elle sert à donner plus de brillant aux couleurs et à les faire tenir sur le papier.

De la Colle à bouche.

17. La colle à bouche est un mélange de colle de Flandre, (*) la plus claire et la moins jaune, avec moitié de son poids de sucre blanc, le tout fondu ensemble sur la cendre chaude et coulé dans un moule qui la divise en petites tablettes plus longues que larges.

(*) Avant le mélange, on fait tremper la colle dans l'eau environ douze heures. Le vase à poser sur la cendre doit être un pot de terre neuf.

18. La colle à bouche est très-utile pour réunir ensemble deux ou un plus grand nombre de feuilles de papier. Voici la manière de s'en servir.

On prépare premièrement les deux bords qui doivent être joints, en les coupant, avec la pointe d'un canif, de la moitié de l'épaisseur du papier et à trois millimètres environ de chaque bord, l'un au-dessus et l'autre au-dessous ; puis on les colle en les faisant recouvrir de cinq millimètres. A cet effet, on humecte la colle en la tenant entre les dents jusqu'à ce qu'elle soit gluante ; alors, on frotte le bord de la feuille supérieure, sur une longueur de cinq centimètres, que l'on couvre d'un papier blanc, sur lequel on appuie l'ongle en frottant avec force au-dessus de la partie enduite. On réunit d'abord les deux extrémités, ensuite le milieu ; puis on va aux deux bouts, on revient au milieu, et ainsi alternativement pour donner le temps de sécher au dernier endroit collé.

Remarque. Lorsque de plusieurs feuilles, on en veut composer une seule, il faut toujours avoir soin de faire couvrir les feuilles inférieures par les supérieures, et celles de droite par celles de gauche, afin que l'épaisseur du papier ne forme pas une ombre désagréable à la vue.

Des couleurs, de leur préparation et de leur emploi.

19. Les couleurs dont on fait usage pour laver les plans sont : l'encre de la Chine, la sépia, le carmin, la gomme-gutte, l'outremer, l'indigo, le bleu de Prusse, le vert-d'eau, le bistre, le vert de vessie, le vert d'Iris, le vermillon et la terre d'ombre.

20. *L'encre de la Chine* la plus estimée est d'un noir luisant, un peu roussâtre et assez dure à détremper. On la reconnaît encore à son odeur d'ambre.

Cette encre sert à mettre les dessins au trait et à ombrer toutes les parties qui doivent l'être. Pour que le trait soit net, il faut toujours employer de l'encre nouvelle ; mais cela n'est pas nécessaire pour les bois, arbres ou buissons, lesquels peuvent se faire avec la même encre plusieurs fois délayée.

Pour préparer l'encre de la Chine, ou toute autre couleur en pain, on met quelques gouttes d'eau dans un godet, puis on frotte le bâton, en l'appuyant légèrement sur le fond, jusqu'à ce que l'eau soit assez colorée.

21. La *sépia* est une couleur liquide dont le ton tient de l'encre de la Chine et du bistre réunis. Elle remplace l'encre de la Chine ; quand on ne sait ni choisir ni employer cette dernière.

22. Le *carmin* est une poudre impalpable d'un rose vif ; le plus beau est le moins foncé.

On emploie le carmin, après l'avoir délayé avec de l'eau gommée, pour tirer les lignes qui expriment des épaisseurs de maçonnerie, ainsi que pour laver l'emplacement des bâtimens, les îles de maisons et généralement toutes les constructions en pierres.

23. La *gomme-gutte* est une espèce de résine très-jaune qui vient de l'Inde. Elle se fond dans l'eau commune et indique les ouvrages qui sont en projet.

24. L'*outremer* est une poudre impalpable d'un bleu céleste assez tendre. Le plus clair est le plus estimé. On le prépare comme le carmin.

25. L'*indigo* est un bleu turquin. Il se détrempe avec de l'eau gommée. On lave de cette couleur tout ce qui est verre, fer et ardoise.

26. Le *bleu de Prusse* ressemble assez à l'indigo ; il n'est pas plus beau, mais il s'emploie moins difficilement. Pulvérisé, on le délaie avec de l'eau gommée.

27. Le *vert d'eau* est liquide, luisant et d'un bleu clair.

On s'en sert pour imiter les eaux. Lorsque cette couleur est trop faible, on la rend plus forte en l'exposant au soleil, ou en la mettant sur la cendre chaude; si elle est épaisse, on l'affaiblit avec de l'eau.

28. Le *bistre* est d'un brun-roux; il porte sa gomme.

On en pose une teinte sur tous les ouvrages de charpente et de menuiserie.

29. Le *vert de vessie* est noirâtre avant d'être employé et jaunâtre sur le papier. La moindre humidité le rend liquide et fait qu'il s'enlève très-facilement. En le mêlant avec un peu de vert d'eau, il tient mieux et devient plus brillant.

On délaie ce vert avec de l'eau pure; il convient pour les gazons, le fond des prairies, et pour ombrer les arbres et les buissons.

30. Le *vert d'Iris*, suc épaissi de la fleur de ce nom, est à-la-fois plus beau et plus gai que le vert de vessie, et peut le remplacer dans ses usages. Il est naturellement gommé.

31. Le *vermillon* est d'un rouge de feu. Le plus foncé est le meilleur.

On le prépare avec de l'eau gommée, et on l'emploie pour tous les ouvrages en tuiles ou en briques.

32. La *terre d'ombre*, couleur jaunâtre, un peu plus brune que le bistre, se délaie avec de l'eau gommée.

Elle convient pour les terres labourables, les terrasses, les chemins et dans les bois; belle et claire, elle imite le ton de la pierre.

Du mélange des Couleurs.

33. La gomme-gutte et le bleu de Prusse ou l'outremer, font un très-beau vert. Il est clair ou foncé, suivant que le jaune ou le bleu domine.

Ce mélange est bon pour imiter l'herbe, faire les hachures des marais et figurer les roseaux.

34. Le vert d'eau et la gomme-gutte produisent un vert gai, propre à laver le fond des prairies; avec plus de gomme-gutte, il sert aux marais; et, si le jaune domine encore davantage, on a une teinte pour le fond des bois.

35. Le jaune et le rouge, différemment variés, composent de belles couleurs de bois, de terre et de sable. Ainsi, la gomme-gutte et autant de carmin donnent une teinte propre à laver les fossés secs de toutes sortes d'ouvrages; avec un peu moins de carmin, elle peut remplacer le bistre pour la charpente et la menuiserie; encore moins de carmin, elle sert pour les sables.

36. En mêlant ensemble du carmin, du jaune et un peu d'encre de la Chine, on obtient une couleur qui convient parfaitement aux terres labourables et pour mettre au trait les chemins, rivières, étangs et marais.

Lorsque ces trois couleurs entrent dans le mélange par égales parties, il sert à exprimer les montagnes, les rochers, les carrières et les ravins.

Selon le goût du dessinateur, on peut faire dominer l'encre ou le carmin, mais jamais le jaune.

37. Le bleu et le vert d'eau forment une couleur, préférable à l'indigo, pour laver ce qui est de verre.

38. L'encre de la Chine, mêlée avec très-peu de carmin, sert à ombrer les plus hautes montagnes.

39. Enfin, le rouge et le bleu font le violet qu'on emploie pour les rochers et les montagnes escarpées.

Remarque. Quand des couleurs se sont séchées dans les godets, il faut les détremper avec de l'eau, mais avoir soin de ne pas trop les affaiblir.

A l'égard des teintes vertes, on doit toujours en faire de nouvelles, pour qu'elles soient vives et brillantes.

Si on a laissé sécher du vert d'eau, on ne peut le détacher facilement qu'avec du vinaigre.

Des opérations qui doivent précéder le lavis d'un plan.

40. La préparation du papier qui consiste à réunir toutes
les feuilles destinées à former celle du plan, si toutefois on
n'en a pas une assez grande, puis à coller leur ensemble sur
la tablette (*), doit toujours être faite ainsi que le dessin
terminé et entièrement mis au trait, avant d'en commencer
le lavis.

Nous savons comment on peut effectuer les premières de
ces opérations, il nous reste à expliquer la dernière.

De la mise au trait.

41. *Mettre au trait*, signifie tracer, avec la plume et les
couleurs convenables, les contours des masses de toutes les
parties qui composent un plan; c'est en un mot finir le
dessin.

42. Pour cet effet, voici les règles le plus généralement
suivies.

D'abord, il est d'usage de commencer par le bas , pour
n'effacer aucune partie de l'esquisse, et de faire les traits
fins ou déliés avant les plus gros.

(*) Cette dernière pratique s'exécute en fixant d'abord les quatre coins
de la feuille, puis les milieux des côtés, et se conduisant après pour chaque
bord, ainsi qu'il a été dit n.º 18.

On mouille légèrement la feuille avant de la coller, pour la tendre plus
aisément et l'empêcher de goder.

Il faut aussi avoir soin de placer entre elle et la planche une autre
feuille blanche un peu plus petite, afin d'éviter que la plume s'émousse
trop vîte

Les traits s'expriment à l'encre de la Chine, ou au carmin, ou avec des teintes assorties; ceux qui se tracent au carmin, se font toujours les derniers, et après avoir effacé le crayon avec de la mie de plain blanc rassis, afin de ne pas ternir l'éclat de cette couleur.

43. On trace à l'encre de la Chine les bâtimens et les ponts construits en bois; les palissades, les barrières; la maçonnerie élevée, comme les remparts, les façades de maisons; enfin les grillages en fer et en bois.

44. On emploie la couleur composée du n° 36 pour mettre au trait les chemins, les rivières, les étangs et les marais (*).

Tous ces traits se font à la main sans se servir de règle; ceux des rivières se tracent un peu tortueux.

Lorsqu'il y a des bancs de sable sur les bords des rivières, on ponctue légèrement la limite de l'eau avec le mélange du n° 35.

45. La couleur de terre sert à tracer les fossés qui bordent les chemins, les bois, les clos, etc. Si les fossés sont nouvellement faits ou bien entretenus, on tire ces lignes avec une règle; dans le cas contraire, on les met à la main. Cela s'applique également aux chaussées doites et bien relevées.

46. Avec la même couleur très-claire, on marque par quelques points la crête des ravins, les sommets des montagnes, les carrières, le contour des bois et des bosquets, les allées dans les forêts, les charmilles et les haies (**).

47. Les rochers s'esquissent avec de l'encre de la Chine pâle ou de la sépia, pour en caractériser à peu près l'espèce et la forme. Il en est ainsi des pentes de montagnes.

(*) Le trait des routes et des chemins s'arrête aussi à la sépia, et l'on peut exprimer en bleu les contours des côtes et des rivières.

(**) Tous les détails de verdure, tels que les buissons, les arbres isolés, les haies et les bois, se font avec du vert clair.

48. On se sert de carmin pour exprimer généralement tout ce qui est maçonnerie, comme villes, bourgs, hameaux, maisons particulières, ponts, digues, murs de terrasses, etc.

49. Les voûtes construites au rez-de-chaussée, se marquent par des lignes ponctuées en rouge; celles qui existent au-dessous ou au-dessus, se ponctuent à l'encre.

5o. Les carreaux des jardins qui présentent ordinairement des carrés, des rectangles, des losanges, etc., la plupart séparés par de petites allées, peuvent se mettre au trait avec la règle du côté de l'ombre, autrement on pointille le tout avec du vert.

Enfin, on ponctue légèrement, avec de l'encre pâle, de la couleur de terre et du vert, les plates-bandes, les pièces de gazon et les buis.

Il est à remarquer que toutes les lignes ponctuées doivent en général se faire à la règle.

Manière de bien tirer les lignes.

51. Pour tracer des lignes qui soient nettes, bien nourries et d'un effet agréable, il faut

1°. Tailler la plume de manière que les deux côtés du bec soient parfaitement égaux, et couper le bout par un coup de canif donné perpendiculairement sur la plume;

2°. Que la couleur ne soit jamais ni trop épaisse ni trop claire;

3°. Secouer la plume chaque fois qu'on l'aura trempée dans la couleur, afin que l'excès tombe dans le vase et non sur le dessin;

4°. Enfin, tenir la plume à plomb sur le papier, ne pas trop l'y appuyer ni contre la règle, pour que la ligne soit égale dans toute sa longueur, et avoir l'attention de ne pas dépasser les points qui marquent les extrémités de chacune.

52. Lorsqu'on aura fait de faux traits, ou quelques taches, on les effacera très-légèrement avec un grattoir, on y passera ensuite de la raclure de la peau dont on fait les gants blancs, et avec le dessus de l'ongle on unira le papier. Après cela, ou pourra tracer de nouveaux traits et laver sans faire de tache, si toutefois dans ce dernier cas on prend la précaution de mettre toujours de l'eau avant la couleur.

On peut aussi les effacer au moyen d'une éponge humide, et attendre que le papier soit sec pour faire le reste.

Des Ombres.

53. Les ombres servent à faire distinguer les objets élevés, la profondeur des vallées, les lits des rivières, les creux ou excavations des ravins, des carrières, des rochers; elles seules donnent du relief au dessin, détachent les parties les unes des autres, expriment l'idée de leurs formes, et, bien combinées avec les jours, peuvent produire un bel effet.

54. On distingue deux sortes d'ombres, l'*ombre coupée* et l'*ombre adoucie*: la première conserve la même force dans toute son étendue, la seconde diminue peu à peu d'un côté, ou des deux côtés, jusqu'à ce qu'elle s'éteint.

55. Les ombres sont généralement regardées comme produites par le soleil à neuf heures du matin ou à trois heures du soir, c'est-à-dire à 45° d'élévation au-dessus de l'horizon.

56. Dans le dessin des plans comme dans tous les autres, sans en excepter même les tableaux, la règle est de faire venir le jour de la gauche à la droite.

57. D'après cela, pour tous les objets plans élevés au-dessus du sol, tels que les routes, les plateaux, la coupe horizontale ou *plan géométral* de bâtimens, les terrasses, etc., on fait les lignes qui expriment la forme de leurs contours déliées ou plus grosses, suivant qu'elle sont éclairées

ou situées du côté de l'ombre. Ainsi, celles à gauche et du dessus seront fines ; celles à droite et du dessous se traceront plus fortes.

Si quelques-unes de ces lignes présentaient une courbe quelconque, la moitié qui reçoit la lumière se ferait déliée et l'autre plus grosse.

Enfin, les arbres, les buissons, les montagnes, les rochers, qu'on exprime en élévation dans les cartes topographiques, projetant derrière eux des ombres semblables sur la terre, on les représentera toujours à droite sur place ; les premières, celles des arbres et des buissons, avec de l'encre de la Chine pâle, les autres avec de la couleur de terre brune nos. 36 et 38.

58. Quant à tout ce qui est creux ou enfoncé au-dessus du terrain, comme un fossé, un ravin, le lit d'une rivière, un canal, l'entrée d'un souterrain, d'une carrière, d'un précipice, et dans les façades de maçonnerie, les portes, les fenêtres, les soupiraux, on doit faire toutes les lignes du dessus et du côté droit plus fortes que celles de la gauche et du dessous qui alors reçoivent le jour et conséquemment doivent être faibles.

De la forme et du placement des Ombres.

59. Tout corps élevé et isolé dans la campagne, projette derrière lui une ombre coupée de même figure : on la représente semblablement sur le plan, par une teinte faible d'encre de la Chine. Telles se font les ombres des arbres, des buissons, des haies, des signaux, des moulins à vent, etc. situés au milieu des champs ou sur les chemins.

60. Les montagnes, les rochers, se caractérisent par une ombre adoucie du côté d'où vient le jour, c'est-à-dire en allant à gauche, sa plus grande force étant à droite, ainsi que l'indique la figure 27.

61. Pour exprimer la profondeur des rivières, des canaux, des bassins, des étangs, des marais, on met une ombre adoucie sur chaque bord, ou suivant le trait de leurs contours, mais plus forte du côté de l'ombre que de celui qui reçoit la lumière. La figure 28 montre comment ces ombres doivent être exécutées.

62. Au-dessus des lignes fortes qui tracent les routes, les plateaux, etc., on place une ombre adoucie pour faire paraître leur élévation au-dessus du terrain.

63. Les ombres produites sur les corps arrondis, comme la tour *ab* (*Fig.* 29) se font à l'encre et doivent toujours être adoucies des deux côtés, mais de manière que la partie la plus éclairée se trouve à un tiers environ du côté gauche, et la plus sombre à la même distance du côté droit, lequel doit être totalement privé de jour.

Il en est de même pour les dômes des monumens.

64. Enfin, dans les *façades* des maisons ou édifices à pavillons, l'ombre portée sur la face principale du bâtiment, par l'avant-corps qui saille à gauche, forme un triangle rectangle dont la base égale la hauteur; on l'exprime de même par une teinte faible d'encre de la Chine. Quant aux ombres des portes et fenêtres de toute la façade, on se sert, pour les représenter, d'une teinte de noir pâle, ayant soin de faire dans chacune, à gauche et au-dessus, une ombre coupée plus forte, dont la largeur soit environ le quart de celle de l'ouverture. (*Voyez la fig.* 3o).

Du Lavis.

65. Lorsque l'esquisse d'une plan est entièrement arrêtée à la plume ou au pinceau, on enlève la partie grossière du crayon avec de la mie de pain blanc rassis que l'on promène légèrement sur tout le dessin, afin qu'elle ne ternisse pas les couleurs; puis on passe au lavis.

66. Pour procéder suivant l'Art, on place d'abord les teintes d'ombres qui doivent annoncer l'effet, en ménageant toutes les parties éclairées.

On fait ensuite sentir les réflets des masses d'ombres par de nouvelles teintes plus foncées que les premières.

Après cela, passant aux détails, on les exprime par des touches et par des teintes plus ou moins fortes de couleurs variées et assorties aux objets, en imitant toujours la nature autant que possible (*).

Enfin, on termine par les coups de force pour rendre certains détails plus sensibles, indiquer les creux et tout ce qui est totalement privé de lumière.

67. Les teintes d'ombres sont de deux espèces, ou *plates* ou *adoucies* : les premières s'emploient pour les masses de rochers, les autres pour les pentes des montagnes, des coteaux.

Pour qu'elles conservent leur transparence et leur fraîcheur, il faut les poser à grandes touches. Si elles ne présentent pas un effet satisfaisant, on peut les rendre plus ou moins sombres, mais toujours éviter de les retoucher plusieurs fois, parce qu'on finit souvent par ôter leur brillant.

68. Quelques règles sont à observer encore pour bien laver une carte topographique ou tout autre plan.

1.° Le pinceau doit toujours être plein de la teinte qu'on emploie, afin qu'elle coule facilement sur le papier.

2.° Lorsqu'on adoucit une teinte, il suffit que le pinceau soit sensiblement humecté, parce que, s'il contenait trop d'eau, il pourrait noyer la teinte et l'étendre trop loin.

3.° On lave souvent dans l'eau le pinceau qui sert à adoucir, après quoi on le porte à la bouche pour tirer la plus grande partie de l'eau dont il s'est imbibé.

____

(*) On commence par celles qui se font à l'encre de la Chine; puis on pose successivement celles qui s'expriment avec la sépia, la terre d'ombre, le bleu ou le vert et le carmin.

4.º Enfin, il faut avoir soin de remuer la teinte avec le pinceau chaque fois qu'on en prend, afin que le lavis soit partout égal.

69. Ces principes posés, il nous reste encore à expliquer la manière d'exprimer tous les détails minutieux d'un plan le plus succinctement possible.

70. Les *montagnes* et les *collines* s'expriment au pinceau en relevant les ombres avec de la sépia ou de la couleur de terre rougeâtre, ménageant les parties éclairées et leur opposant des nuances plus ou moins foncées ; ce lavis ayant atteint toute sa force, on posera les tons de culture en observant de placer les plus brillans sur les pentes et sommets qui reçoivent la lumière.

Plus les montagnes sont hautes, plus leur couleur doit être foncée, sans cependant être dure.

71. Les *rochers* étant ombrés, on les colore avec des teintes jaunâtres, rougeâtres et de violet-faible, que l'on place en opposition et fait contraster avec goût sans les adoucir ni les fondre ensemble. On revient ensuite avec de l'encre sur les détails, afin de faire ressortir les enfoncemens, les cavités et les parties saillantes.

72. Les *ravins* sont assez difficiles à exécuter ; tout l'art de les bien faire consiste à étendre de l'eau avec un pinceau sur toute la partie qu'on veut laver, mais à n'en mettre que ce qu'il faut pour imbiber le papier. Alors, au moyen d'un plus petit pinceau chargé de couleur de terre très-faible, on suit en tremblant la crête du ravin, de manière qu'une partie de la couleur soit à sec sur le papier et l'autre sur l'endroit mouillé ; puis, avec le pinceau à l'eau, on adoucit la teinte de la crête du ravin en bas.

Après avoir ainsi préparé tous les ravins, pour les finir on repasse partout quelques petites hachures de couleur un peu plus forte, observant de les faire avec une teinte plus brune sur les pentes qui se trouvent sur l'ombre, et de les adoucir toujours en hachant avec le pinceau à demi-sec.

On fait de même les *berges* le long des rivières; mais si elles sont trop étroites, on indique seulement les bords de l'eau par une teinte de terre rousse très-pâle du côté du jour et forte du côté opposé.

73. Les *bois* et *foréts* se lavent de manière qu'ils soient amenés graduellement à la couleur qui leur convient pour produire un effet agréable. On commence par les fonds qui doivent être mélangés de deux teintes de vert et d'une teinte orange, avec l'attention de ne pas passer sur les touffes d'arbres, qui se font ensuite de deux nuances, en plaçant la plus brillante du côté éclairé. Les coups de force se donnent après, et se détaillent principalement du côté de l'ombre.

On a vu que les ombres portées pouvaient être faites ou à la sépia ou à l'encre de la Chine. Le bistre s'emploie pour former la tige des arbres.

74. Les *terres labourables*, indiquant la partie d'un pays entièrement cultivée, s'expriment par une teinte locale de deux tons fondus ensemble, l'un orange composé de gomme-gutte et de carmin, l'autre vert (*mélange* n.º 33), et sur laquelle on représente les sillons que l'on exécute dans le goût indiqué n°. 45 (*Art de lever les plans*), mais avec un pinceau très-fin et en se servant de teintes claires de carmin, de gomme-gutte, de vert plus ou moins foncé (33), de terre rousse (35), et quelquefois d'encre de la Chine jointe à un peu de carmin (38). Ces différens tons bien variés et posés légèrement présentent un bel effet, en même temps qu'ils font connaître la nature des productions de chaque pièce de terre.

75. Les *friches*, terrains non cultivés, s'indiquent par un fond panaché de deux teintes, l'une vert clair et

l'autre aurore, sur lequel on fait de petites broussailles par intervalle avec de l'encre pâle, quelques arbres et un pointillé inégal de terre d'ombre et de vert foncé.

76. Les *bruyères* se représentent en lavant le fond d'une teinte panachée de plusieurs couleurs, de vert et de carmin faible, de bleu et de roux, que l'on fait fondre ensemble; puis on pointille dessus très-délicatement avec les mêmes teintes plus foncées.

77. Les *landes*, terres incultes, se lavent d'une teinte locale de vert et de jaune variés; on donne après des touches irrégulières de jaune plus foncé pour indiquer les flaques de sable, et on les fait ressortir par des hachures vertes placées au-dessous.

78. Les *fleuves* et *rivières*, d'abord ombrés convenablement des deux côtés pour faire sentir leur profondeur, se lavent ensuite d'une teinte de vert d'eau ou d'indigo léger, posé sur chaque bord et adouci vers le milieu. Puis on indique le courant de l'eau par des traits faits au pinceau ou à la plume, parallèlement aux bords, que l'on diminue de force et écarte davantage à mesure qu'on approche du milieu, où ils doivent s'éteindre, ayant soin d'employer la teinte de vert ou de bleu plus claire du côté où le jour frappe.

Si la rivière n'était pas assez large, on se contenterait de passer sur son lit une teinte plate de vert d'eau ou de bleu faible.

79. Les *bancs de sable* se lavent avec une teinte composée de carmin et de jaune (35), renforcée sur les bords et soigneusement pointillée avec la même couleur où le rouge doit dominer.

Quand les bancs sont couverts d'eau, on les lave et pointille moins sensiblement, puis on passe dessus la teinte locale de la rivière ou du fleuve.

80. Les *îles*, espace de terre au milieu de l'eau, se font avec une teinte de vert que l'on pose sur les bords en l'adoucis-

sant vers le centre. On y donne ensuite de petits coups de pinceau chargé de vert et de jaune, le tout irrégulièrement.

81. On exprime les *étangs* par un fond de vert d'eau ou d'indigo adouci dans le milieu, et par des touches de couleur plus forte, tracées horizontalement et peu sensibles du côté éclairé. Sur les bords et au milieu de l'étang, on dessine aussi quelques roseaux.

82. Les *marais* se font par quantité de petites lignes horizontales, très-fines, parallèles entres elles, engagées les unes dans les autres de manière qu'il reste des places vides plus ou moins larges, où l'on introduit une teinte pâle de vert d'eau ou d'indigo ; on pose ensuite une couleur verte un peu gaie dans les espèces d'îles que forment ces traits, on donne les coups de force du côté de l'ombre, puis on pointille au-dessus et place par intervalle quelques touffes de roseaux.

83. Les *prairies*, pour bien imiter la nature, doivent avoir un ton local de vert nuancé ou panaché qui se fait en mettant obliquement et par places des touches assez larges de cette couleur, qu'on réunit en les adoucissant l'une vers l'autre ; sur ce fond, on pointille à la plume avec du vert plus foncé, et, pour finir et éviter la monotonie, on y donne irrégulièrement de petits coups de pinceau chargé de carmin, de jaune et de bleu, après y avoir mis quelques groupes d'arbres.

84. Dans les lieux où il faut représenter des *vignes*, on met d'abord une teinte claire du mélange indiqué n.° 36 ; on sillonne ensuite, suivant la pente du côteau, avec du brun roux fort léger, et sur ces sillons on dessine à la plume des échalas autour desquels on donne quelques touches sèches de vert, et un petit coup de terre d'ombre au pied de chacun.

Les *houblons* s'expriment de même sur un fond rougeâtre ; seulement les échalas doivent être plus hauts et les coups de vert plus répétés.

85. Les pièces de vignes se séparent des autres terrains cultivés par des buissons, des bouts de haies et des arbres ; on en place quelques-uns parmi les ceps.

86. On met dans les *fossés*, selon qu'ils sont à sec ou pleins d'eau, une teinte plate très-claire de bistre ou d'indigo.

87. Les grandes chaussées bordées d'arbres qu'on exprime par de petits ronds de couleur verte, se lavent ordinairement d'une teinte très-faible d'encre de la Chine.

88. Dans un *plan de ville*, on lave les *îles* ou *massifs de maisons* d'une teinte de carmin faible, en relevant les côtés d'ombre par un trait ferme, assez large et bien pur, sans distinguer ni cour ni jardin. Les rues se lavent d'une teinte extrêmement claire de couleur de sable ou d'indigo mêlé d'un peu d'encre.

On distingue par une teinte plus forte les principaux édifices, tels que les palais, les fontaines, les magasins à poudre et tous les monumens publics, ou on les exprime en comble, c'est-à-dire par leurs toits.

89. Quant au plan géométral et particulier d'un *château*, d'un *édifice*, d'une *maison* quelconque, on met de même sur l'épaisseur des murs, des cloisons et de toutes autres parties de maçonnerie une teinte légère de carmin relevée de traits prononcés placés à l'opposé des jours, observant de n'en mettre dans aucune baie.

La teinte de carmin doit diminuer de force à mesure que le dessin représente le plan d'un étage plus élevé.

Les *ponts de pierre*, les *moulins* ou autres bâtimens isolés se font aussi avec du carmin.

90. Les ouvrages en projets se tracent en noir et se lavent en jaune.

91. A l'égard des *façades*, on les teinte d'une couleur de pierre très-faible, en ménageant des reflets du côté du jour. Les ombres ayant été posées comme il est dit n°. 64, on

lave la couverture d'une teinte de bleu ou de rouge, adoucie vers le bas, suivant qu'elle est d'ardoise ou de tuile.
Aux parties du comble qui reçoivent directement la lumière,
on y pose, le long de la ligne d'en bas, un filet de couleur que
l'on fond jusqu'en haut, (*fig.* 3o).

92. Les *jardins* doivent se laver très-légèrement et avec
soin. On met d'abord l'effet à l'encre de la Chine, en faisant
les ombres portées et adoucies, les ondulations des eaux,
les bosquets, les plates-bandes des allées, etc. Ensuite on
étend sur les gazons une teinte claire de vert qu'on pointille au pinceau avec du vert plus foncé; sur les eaux on
en pose une d'indigo ou de vert d'eau très-faible; dans
les allées, une couleur de sable, et dans les bosquets, du
vert varié de tons sur les touffes d'arbres, (29 et 34).

Les berceaux, après avoir été faits et ombrés au pinceau,
ainsi qu'on l'a expliqué n°. 49 (*Art de lever les plans*),
se recouvrent d'une demi-teinte de vert clair.

On pointille de diverses couleurs les endroits des parterres émaillés de fleurs, et par-dessus on pose une légère
teinte générale de gomme-gutte.

Pour exprimer les planches et les plates-bandes potagères,
on donne, dans le sens de la largeur, des coups de pinceau
droits de la couleur des légumes, sur lesquels on met une
teinte faible de vert clair.

Les arbres isolés et les arbrisseaux se lavent de vert
clair et plus foncé, relevé d'un coup d'ombre au-dessous
et d'un peu de bistre sur chaque tige.

Enfin les vergers se dessinent à la plume avec du vert ou
de l'encre pâle; les arbustes s'y placent en quinconce, et
au-dessous on fait une ombre portée à droite; la teinte
locale doit être d'un vert tirant sur le bleu et moitié moins
forte que celle employée pour les prairies.

Remarque. Toute cette partie des plans étant très-minutieuse, elle exige beaucoup d'habitude et de goût de la part du dessinateur pour produire un bel effet.

Observations sur la pratique du Lavis.

93. En posant les teintes locales, on doit avoir soin de ménager les chemins, les sentiers, les montagnes, les rochers, les jours des principaux groupes d'arbres, les eaux, les massifs de maisons, les jardins, etc. ; elles seront adoucies du côté des montagnes, afin de les raccorder facilement avec les teintes placées sur leurs pentes.

Ce raccordement s'exécute en adoucissant les deux teintes l'une vers l'autre jusqu'à ce qu'elles se touchent, de manière qu'elles soient fondues ensemble sans que leur réunion s'aperçoive.

Il faut aussi avoir l'attention d'attendre toujours que les premières teintes soient bien sèches avant d'en poser d'autres par-dessus, et se rappeler de ne mettre jamais celles de carmin que les dernières.

Pour mieux entendre et pouvoir plus facilement exécuter tout ce qui précède, nous avons joint l'exemple aux préceptes en plaçant, à la fin de l'ouvrage, des figures et dessins qui représentent la plupart des détails que nous avons décrits, savoir: le correct du dessin ou l'esquisse mise au trait, le dessin ombré, et le dessin lavé ou entièrement fini. (*Voyez les dessins n.ᵒˢ* 1, 2 *et* 3).

Le temps n'a pas permis à l'Auteur de faire lui-même ce dernier travail; il a été forcé de le confier à des jeunes gens qui l'ont soigné d'une manière assez satisfaisante, quoique la lithographie rende le trait du dessin très-dur.

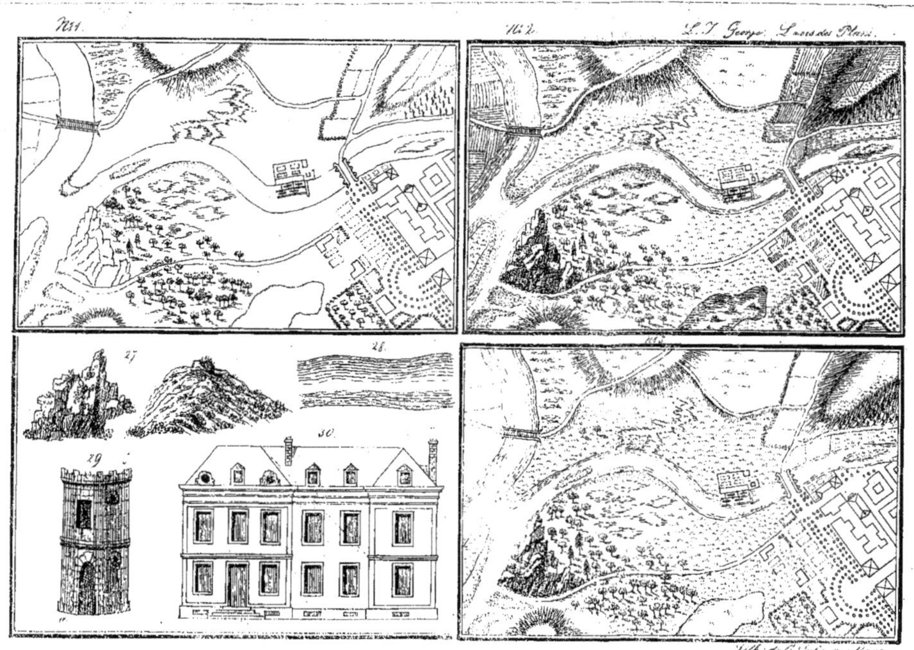

N° 1.
N° 2.
St. George. Lavis des Plans.
27.
28.
29.
30.
Lith. de C. Liebherr et Henny